PIANO · VOCAL · GUITAR

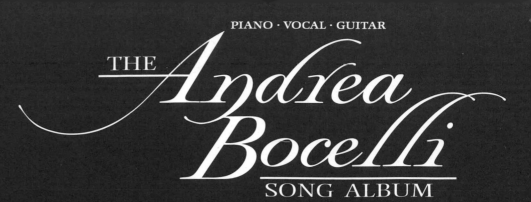

THE Andrea Bocelli
SONG ALBUM

D0707503

Cover photo by Andrew Southam

ISBN 978-0-634-08667-0

HAL•LEONARD®
CORPORATION
7777 W. BLUEMOUND RD. P.O. BOX 13819 MILWAUKEE, WI 53213

Visit Hal Leonard Online at
www.halleonard.com

Biography

Andrea Bocelli was born September 22, 1958. He grew up on his family's farm in Lajatico, Italy, a quiet community nestled amongst vineyards and olive groves in rural Tuscany. Andrea exhibited his gift for music at an early age, and by six he had begun piano lessons, later learning both flute and saxophone. Andrea's love of opera was also apparent from an early age, and he feels he was destined to sing: "I was one of those children who would always be asked to sing for my relatives. I don't think one really decides to be a singer; other people decide it for you by their reactions."

Born with poor eyesight, Andrea was left totally blind at the age of 12, following a soccer accident. Despite his love of singing, and his obvious musical talents, Bocelli did not consider a career in music until he had studied law at the University of Pisa. After graduating with his Doctor of Law degree, Andrea spent a year as a court-appointed lawyer. But he never abandoned singing. Learning that his childhood idol, Franco Corelli, was giving master classes in Turin, Andrea made an appointment with the maestro. Corelli recognized a natural beauty in the young man's voice, and consented to give him lessons. To pay for those lessons, Andrea performed in piano bars and nightclubs. It was at one such establishment that he met Enrica, his future wife.

In 1992 Andrea was catapulted from piano bar to the international stage. The Italian rock legend Zucchero, having co-written the duet "Miserere" with U2's Bono, hoped to convince Luciano Pavarotti to sing it with him. With this goal in mind, Zucchero held auditions to find a tenor to record a demo of the duet. He recalled: "Andrea was just unbelievable! He had something not one of the other tenors possessed. He had soul." Zucchero sent the demo to Pavarotti. When Pavarotti received it, he said, "Zucchero, who is this guy? Thank you for writing such a beautiful song, yet you do not need me to sing it. Let Andrea sing 'Miserere' with you, for there is no one finer." Nonetheless, Zucchero convinced Pavarotti to record "Miserere" with him, and it became a smash hit in Europe. By the time Zucchero embarked on his next European tour, the public wanted to hear the hit live, so he invited Bocelli to perform the duet in Pavarotti's stead. Bocelli was well received by audiences, and a solo spot was incorporated into the concerts for him.

Andrea's recording career began in earnest in 1993 when he signed a contract with Insieme/Sugar, the Milan-based music group founded in the 1930s. Caterina Caselli Sugar, president of the label, had heard Andrea singing "Miserere" and "Nessun dorma" at Zucchero's birthday party and a deal was struck immediately.

In November of 1993 Andrea entered the preliminary round of the prestigious Italian Sanremo Music Festival, performing both parts of "Miserere." Andrea won the preliminary competition with the highest marks ever recorded in the "New Entrants" category, and in the spring of 1994 Andrea entered the main competition. Singing "Il mare calmo della sera," he was again declared the victor with a record top score. His debut album on the Sugar label, also called "Il mare calmo della sera," was released shortly after that and immediately entered the Italian Top Ten. It went platinum in a matter of weeks.

As winner of the 1994 Sanremo Music Festival, Andrea was invited, as is the tradition, to return the following year. He entered with "Con te partirò," taken from his second album, "Bocelli," which had been produced by one of Italy's most prestigious record producers, Mauro Malavasi. The album has been awarded platinum status everywhere it's been released, including six times in Belgium, four times in Germany, four times in Holland and twice in Italy.

Sarah Brightman, the internationally known soprano, was dining out with friends when she first heard "Con te partirò." Entranced by both singer and song, Brightman contacted Andrea. As a result, they recorded the duet "Time to Say Goodbye," the English version of "Con te partirò." In November of 1996, Andrea and Brightman were invited to perform "Time to Say Goodbye" at the farewell bout of the German World Light-Heavyweight boxing champion (and Brightman's friend), Henry Maske. A national hero in Germany, Maske was also known for his love of selecting entrance music for his matches. Although Maske, in his final bout, was defeated on points by the U.S. champion, Virgil Hill, the German public paid tribute to their departing hero with the strains of "Time to Say Goodbye" reverberating through the arena.

When the original single of "Con te partirò" was released, it shot to No.1, where it remained for fourteen weeks, with sales eventually nearing three million copies. "Con te partirò," and the English duet version, "Time to Say Goodbye," broke sales records in several countries. For six weeks it topped the charts in France, earning three gold records, while in Belgium it became the biggest hit of all time, spending twelve weeks at No.1. But it was Andrea's next album, "Romanza", that earned him his greatest international success. Mere weeks after its release, the CD had gone platinum.

As early as 1995 Bocelli had paid tribute to the tradition of the Italian tenor in "Viaggio Italiano," a recording he had dedicated to the émigrés and artists who had made Italian opera famous worldwide. Now the international press was hailing Bocelli as a modern Enrico Caruso. In 1998, with the international debut of the classical album "Aria," Andrea found himself dominating the classical music charts while still climbing the pop charts. "Aria" became one of the most successful classical albums ever.

Despite his international success, Bocelli refuses to allow fame and fortune to alter his philosophy of life, draw him away from his family and friends or diminish his love of the Tuscan countryside. "Success is just a matter of chance," he believes, "and it's important not to get too attached to it. There are other things in life."

CONTENTS

Texts & Translations

Canto della terra

Words by Francesco Sartori
Music by Lucio Quarantotto

Sì lo so
Amore che io e te
Forse stiamo insieme
Solo qualche istante
Zitti stiamo
Ad ascoltare
Il cielo
Alla finestra
Questo mondo che
Si sveglia e la notte è
Già così lontana
Già lontana

Guarda questa terra che
Che gira insieme a noi
Anche quando è buio
Guardo questa terra che
Che gira anche per noi
A darci un po' di sole, sole, sole

My love che sei l'amore mio
Sento la tua voce e ascolto il mare
Sembra davvero il tuo respiro
L'amore che mi dai
Questo amore che
Sta lì nascosto
In mezzo alle sue onde
A tutte le sue onde
Come una barca che

Guarda questa terra che
Che gira insieme a noi
Anche quando è buio
Guardo questa terra che
Che gira anche per noi
A darci un po' di sole, sole, sole
Sole, sole, sole

Guarda questa terra che
Che gira insieme a noi
A darci un po' di sole,
Mighty sun
Mighty sun
Mighty sun

Song of the Earth

Yes I know
My love, that you and me
Are together briefly
For just a few moments
In silence
As we look out of our windows
And listen
To the sky
And to a world
That's awakening
And the night is already far away
Already far away

Look at this world
Turning around, with us
Even in the dark
Look at this world
Turning around, for us
Giving us hope, and some sun, sun, sun

My love, whoever you are, my love
I hear your voice, yet I listen to the sea
It sounds just like your breathing
And all the love you want to give me
This love
That is there, hidden
Hidden among the waves
All the waves in the world
Just like a boat that…

Look at this world
Turning around, with us
Even in the dark
Look at this world
Turning around, for us
Giving us hope, and some sun, sun, sun
Sun, sun, sun

Look at this world
Turning around, with us
Giving us hope, and some sun
Mighty sun
Mighty sun
Mighty sun

Caruso

Words and Music by Lucio Dalla

Qui dove il mare luccica,
e tira forte il vento
sulla vecchia terrazza
davanti al golfo di Surriento
un uomo abbraccia una ragazza
dopo che aveva pianto
poi si schiarisce la voce,
e ricomincia il canto:

Te voglio bene assai
ma tanto tanto bene sai
è una catena ormai
che scioglie il sangue dint'e vene sai…

Vide le luci in mezzo al mare,
pensò alle notti là in America
ma erano solo le lampare
e la bianca scia di un'elica
sentì il dolore nella musica,
si alzò dal pianoforte
ma quando vide la luna
uscire da una nuvola,
gli sembrò più dolce anche la morte
guardò negli occhi la ragazza,
quegli occhi verdi come il mare
poi all'improvviso uscì una lacrima
e lui credette di affogare.

Te voglio bene assai
ma tanto tanto bene sai
è una catena ormai
che scioglie il sangue dint'e vene sai…

Potenza della lirica,
dove ogni dramma è un falso
che con un po' di trucco e con la mimica
puoi diventare un altro
ma due occhi che ti guardano,
così vicini e veri
ti fan scordare le parole,
confondono i pensieri
così diventa tutto piccolo,
anche le notti là America
ti volti e vedi la tua vita,
come la bianca scia di un'elica
ma sì, è la vita che finisce,
ma lui non ci pensò poi tanto
anzi, si sentiva già felice,
ricominciò il suo canto:

Te voglio bene assai
ma tanto tanto bene sai
è una catena ormai
che scioglie il sangue dint'e vene sai…

Caruso

Here, where the sea shines
and the wind howls,
on the old terrace
beside the gulf of Sorrento,
a man embraces a girl
after the tears,
then clears his throat
and continues the song:

I love you very much,
very, very much, you know;
it is a chain by now
that heats the blood inside the veins, you know…

He saw the lights out on the sea,
thought of the nights there in America,
but they were only the fishermen's lamps
and the white wash astern.
He felt the pain in the music,
stood up from the piano,
but when he saw the moon
emerging from a cloud,
death also seemed sweeter to him.
He looked the girl in the eyes,
those eyes as green as the sea.
Then suddenly a tear fell
and he believed he was drowning.

I love you very much,
very, very much, you know;
it is a chain by now
that heats the blood inside the veins, you know…

The power of opera,
where every drama is a hoax;
with a little make-up and with mime
you can become someone else.
But two eyes that look at you,
so close and real,
make you forget the words,
confuse your thoughts,
so everything becomes small,
also the nights there in America.
You turn and see your life
through the white wash astern.
But, yes, it is life that ends
and he did not think much about it,
on the contrary, he already felt happy,
continued his song:

I love you very much,
very, very much, you know;
it is a chain by now
that heats the blood inside the veins, you know…

Con te partirò

Words by Francesco Sartori
Music by Lucio Quarantotto

Quando sono solo
sogno all'orizzonte
e mancan le parole,
Sì, lo so che non c'è luce
in una stanza quando manca il sole,
se non ci sei tu con me, con me.
Su le finestre
mostra a tutti il mio cuore
che hai acceso,
chiudi dentro me
la luce che
hai incontrato per strada.

Con te partirò.
Paesi che non ho mai
veduto e vissuto con te,
adesso, sì, li vivrò.
Con te partirò
su navi per mari
che, io lo so,
no, no, non esistono più,
con te io li vivrò.

Quando sei lontana
sogno all'orizzonte
e mancan le parole,
e io sì lo so
che sei con me,
tu mia luna tu sei qui con me,
mio sole tu sei qui con me,
con me, con me, con me.

Con te partirò.
Paesi che non ho mai
veduto e vissuto con te,
adesso, sì, li vivrò.
Con te partirò
su navi per mari
che, io lo so,
no, no, non esistono più,
con te io li rivivrò.
Con te partirò
su navi per mari
che, io lo so,
no, no, non esistono più,
con te io li rivivrò.
Con te partirò.
Io con te.

Ideale

Words by Carmelo Errico
Music by Francesco Paolo Tosti

Io ti seguii com'iride di pace
lungo le vie del cielo;
io ti seguii come un'amica face
de la notte nel velo.
e ti sentii ne la luce, ne l'aria,
nel profumo dei fiori;
e fu piena la stanza solitaria di te,
dei tuoi splendori.

In te rapito,
al suon de la tua voce
lungamente sognai,
e de la terra ogni affanno, ogni croce
in quel giorno scordai.
Torna, caro ideal,
torna un istante
a sorridermi ancora,
e a me risplenderà nel tuo sembiante
una novell'aurora.
…una novell'aurora.

Torna, caro ideal, torna, torna!

I'll Go with You

When I'm alone
I dream on the horizon
and words fail:
yes, I know there is no light
in a room where the sun is absent,
if you are not with me.
At the windows
show everyone my heart
which you set alight;
enclose within me
the light you
encountered on the street.

I'll go with you,
to countries I never
saw and shared with you,
now, yes, I shall experience them.
I'll go with you
on ships across seas
which, I know,
no, no, exist no longer;
with you I shall experience them.

When you are far away
I dream on the horizon
and words fail,
and, yes, I know
that you are with me;
you, my moon, are here with me,
my sun, you are here with me.

I'll go with you,
to countries I never
saw and shared with you,
now, yes, I shall experience them.
I'll go with you
on ships across seas
which, I know,
no, no, exist no longer;
with you I shall experience them.
I'll go with you
on ships across seas
which, I know,
no, no, exist no longer;
with you I shall experience them.
I'll go with you,
I with you.

Ideal

I followed you like a rainbow of peace
a long way across the sky;
I followed you like a friendly face
of the night under a veil.
And I felt you in the light, in the air,
in the scent of the flowers;
and the solitary room was full of you,
of your splendors.

Captivated by you,
by the sound of your voice
a long time I dreamed,
and every earthly worry, every burden
I forgot on that day.
Return, beloved ideal,
return for an instant.
Give me a smile again,
and to me the sparkle of your countenance
will be a new dawn.
… a new dawn.

Return, beloved ideal, return, return!

Il mare calmo della sera

By G. Felisatti, G. Nuti and Malise

Non so
cosa sia la fedeltà,
la ragione del mio canto
che resistere non può
ad un così dolce pianto
che mutò l'amore mio.

E se
anche il sorgere del sole
ci trovasse ancora insieme,
per favore dimmi no,
rende stupidi anche i saggi
l'amore, amore mio.

Se dentro l'anima
tu fossi musica,
se il sole fosse dentro te,
se fossi veramente
dentro l'anima mia,
allora sì che udir potrei
nel mio silenzio
il mare calmo della sera.

Però
quell'immagine di te
così persa nei miei occhi
mi portò la verità,
ama quello che non ha
l'amore, amore mio.

Se dentro l'anima
tu fossi musica,
se il sole fosse dentro te,
se fossi veramente
dentro l'anima mia,
allora sì che udir potrei
il mare calmo della sera,
nel mio silenzio
il mare calmo della sera.

The Calm Evening Sea

I do not know
what fidelity is,
the reason for my song
which cannot resist
such sweet tears
that changed my love.

And if
also the rising of the sun
were to find us still together
please say no;
it also makes fools of the wise,
love, my love.

If within the soul
you were music,
if the sun were within you,
if you really were
within my soul,
then, yes, I could hear
in my silence
the calm evening sea.

But
that image of you
so lost in my eyes
brought the truth to me;
it loves what it does not have,
love, my love.

If within the soul
you were music,
if the sun were within you,
if you really were
within my soul,
then, yes, I could hear
the calm evening sea,
in my silence
the calm evening sea.

Il mistero dell'amore

By Laurex and R. Di Pietro

Io che canto di notte con il rumore del mare
Io che parlo alla luna per capire il mistero di una storia d'amore
E ti sento più forte nelle sere d'estate
Sento le tue parole come piccoli fuochi accesi in fondo al mio cuore
Dentro la vita mia una musica suona
Una nuova poesia nel ricordo di te

Oceani immensi di libertà giorni di festa che non scorderò
Il freddo inverno non ti porta via dalla mia vita
I desideri le nostalgie quanti misteri questo amore mio

Prigioniero del tempo chiuso nella memoria
No ho mai più sentito il profumo infinito di una rosa al mattino
Questa voce che ho dentro parla solo di noi
Come un dolce tormento questo sogno lontano
Non mi fa più dormire
None è un canto di addio ma una musica dolce
Un orchestra che io suono solo per te

Oceani immensi ritroverò corpi celesti e terre d'Africa
Un altro sole ci riscalderà perdutamente
Voli infiniti sulle città all'orizzonte solamente noi
Un mondo nuovo da cercare in due questo è il mistero dell'amore
Un mondo nuovo da cercare in due questo è il mistero.

The Mystery of Love

I who sing at night to the sound of the sea
I who speak to the moon to understand the mystery of a love affair
And I hear you all the more in the summer evenings
I hear your words like little fires burning at the bottom of my heart
Within my life the music plays
New poetry in memory of you

Vast oceans of freedom days of celebration I won't forget
The cold winter won't take you from my life
Desires memories what mysteries in this love of mine

Prisoner of time locked in memory
I've never again smelt the infinite perfume of a rose in the morning
This voice inside me speaks only of us
Like sweet agony this faraway dream
It keeps me awake
It's not a farewell song but sweet music
An orchestra I play just for you

Vast oceans I'll rediscover celestial bodies and lands of Africa
Another sun will warm us through and through
Infinite flights over cities on the horizon just us
A new world to seek together this is the mystery of love
A new world to seek together this is the mystery.

Immenso

Words by Francesco Sartori
Music by Lucio Quarantotto

E, ed è così che va
Visi che non ricordo, che passano
E la sala buia è già
Sembra il mio grande mare e canterò
Ecco, e tutt'intorno sento già silenzio
La musica che piano dai violini
Ed io rivedo te
Tu, sapere dove sei
In questo grande mare, si tu
Che forse mai rivedrò
Viso che passa e va
Questo teatro al buio lascerai

Immenso in questo grande
Mare c'è l'immenso
In questo teatro al buio io ti sento
Io sento che ci sei, sei qui vicino a me
In questo teatro al buio io ti sento
Io sento che ci sei

Sì è meglio non pensarti qui vicino
Meglio pensare che già sei lontano
Canterò, canterò
In questo oceano sì, ti ritroverò
Ecco, e tutto intorno sento già silenzio
La musica è un oceano di violini
Canterò, canterò
Oltre questa notte ti ritroverò
Lo so

Immenso
Immenso scoprendoti al mio fianco

Immense

And so the story goes
Forgettable faces, they come they go
And the room is already dark
This is my sea, my immense sea, and I sing
I can feel the silence around me
As the music rises softly from the violins
Then I see your face again
It's you, and I'm guessing where you are
You, in this, my immense sea
A face I'll probably never see again
That comes, that goes, that fades away
And plunges the theatre back into darkness

Immense, in this vast sea
It's so immense, I feel it
I feel you're here, in the theatre, in the darkness
I can feel your presence, right next to me
I feel you're here, in the theatre, in the darkness
I can feel your presence

Yes, it's wiser not to think of you here
I'll pretend you're already far away
Then I'll sing and I'll sing
And I'll find you again in this ocean
Once again I'll feel the silence around me
The music, an ocean of violins
And I'll sing and I'll sing
I'll meet you again some day
I know I will

Immense
Immense is knowing you're beside me

In-Canto

Words by Giuseppe Vessicchio
Music by Bruno Lanza

rosa d'autunno, rosa colorata
rosa sciupata, rosa maltrattata
per quale inganno non sei più sicura

se stringo le tue spine fra le mani
posso sentire forte il tuo dolore
più fa male più cresce l'amore
di più…di più

in canto
io chiedo all'amore, quell'ombra nel cuore
bagnala di sole
e il nuovo sorriso sarò solo io, io
e lei sarà la musica che canto
così potrà amarmi ancora amando
ed io potrò averla e resterà per sempre in canto

rosa tradita, rosa calpestata
ti strapperò dal cuore la paura
e insieme a me ti sentirai sicura
di più…di più

in canto
io chiedo all'amore, quell'ombra nel cuore
bagnala di sole
e il nuovo sorriso sarò solo io, io
e lei sarà la musica che canto
così potrà amarmi ancora amando
ed io potrò tenerla
e resterà per sempre in canto

In Song

rose of autumn, discolored rose
blighted rose, ill-used rose
what betrayal has left you thus unsure?

if I grasp your thorns in my hands
I can feel the strength of your pain;
the more it hurts the more love grows
more….and more

in song,
I ask of love, that shadow in my heart,
oh bathe it in sunlight!
and I, I am alone in a different smile
and she will be the music that I sing,
and so she will love me, loving still,
and I will have her and she will be forever in song.

rose betrayed, rose trodden underfoot
I will wrest the fear out of your heart
and by my side you will feel safe,
ever more so…..and more.

in song
I ask of love, that shadow on my heart,
oh bathe it in sunlight!
and I, I am alone in a different smile
and she will be the music that I sing,
and so she will love me, loving still,
and I will hold her
and she will be forever in song.

L'ultima canzone

Words and Music by Francesco Paolo Tosti
and Francesco Cimmino

M'han detto che domani,
Nina, vi fate sposa,
ed io vi canto ancor la serenata!

Là, nei deserti piani,
là, ne la valle ombrosa,
oh quante volte a voi l'ho ricantata!
oh quante volte a voi l'ho ricantata!

"Foglia di rosa, o fiore d'amaranto,
se ti fai sposa,
io ti sto sempre accanto.
Se ti fai sposa,
io ti sto sempre accanto,
foglia di rosa."

Domani avrete intorno
feste, sorrisi e fiori,
nè penserete ai nostri vecchi amori.

Ma sempre, notte e giorno,
piena di passione,
verrà gemendo a voi la mia canzone,
verrà gemendo la mia canzone:

"Foglia di menta, o fiore di granato,
Nina, rammenta i baci che t'ho dato!
Nina, rammenta i baci che t'ho dato,
foglia di menta!"
Ah!

The Last Song

They've said that tomorrow,
Nina, you are destined to be a bride,
and I am still singing you a serenade!

There, on the deserted plains
there, in the shaded valleys
oh how many times I have sung it to you!
oh how many times I have sung it to you!

"Leaf of rose, or amaranth flower,
if you become a bride,
I will always be near you.
If you become a bride,
I will always be near you,
leaf of rose."

Tomorrow you will be surrounded by
festivities, smiles and flowers;
you will not think of our old love.

But always, night and day,
full of passion,
my song will come lamenting to you,
my song will come lamenting:

"Leaf of mint, o flower of pomegranate,
Nina, remember the kisses that I gave you!
Nina, remember the kisses that I gave you,
leaf of mint!"
Ah!

L'ultimo re

By A. Napoletano and M. Di Marco

Vestirò il tuo tempo di ricordi se lo vorrai
ti solleverò con le mie mani quando cadrai
veglierò in silenzio sul tuo sonno se dormirai

Se lo vorrai
sarò per te
l'ultimo re

Sarò un re
se sarai
qui con me

Ti ricorderò de quella stella che non muore mai
ruberò in segreto la sua luce così brillerai
ti proteggerò con la mia voce.
e canterai
un canto che
farà di me
l'ultimo re.

Sarò un re
se sarai
qui con me…

Sarò un re
se sarai
qui con me…

Sarò un re
se sarai
qui con me…
qui con me
qui con me

The Last King

I'll dress your time in memories if you want
I'll pick you up with my own hands when you fall
I'll watch over you in silence if you're sleeping

If you want
for you I'll be
the last king

I'll be a king
if you stay
here with me

I'll remind you of that star that never dies
secretly I'll steal its light and so I'll shine
I'll protect you with my voice
and I'll sing
a song that
will make me
the last king

I'll be a king
if you stay
here with me

I'll be a king
if you stay
here with me

I'll be a king
if you stay
here with me
here with me
here with me

La luna che non c'è

By D. Farina and A. Maggio

Conosco te la nostalgia
che ti sorprende all'improvviso,
rallenta un po' la corsa che
ti ha tolto il fiato e ti ha deluso.

Se il mondo intorno a noi
non ci assomiglia mai,
dividilo con me;
ed io lo prenderò e lo scaglierò lontano.

E chiara nella sera
tu sarai la luna che non c'è.
Nell'aria più leggera
la tua mano calda su di me.
E forse non immagini nemmeno
quanto è grande questo cielo,
quanto spazio c'è qui dentro me
e ci sarà adesso che
mi vuoi così anche tu.

Ritroverai la tua magia
piccola stella innamorata,
per quanta notte ancora c'è
in questa notte appena nata.

Il buio porterà
con sé i fantasmi suoi,
e se non dormirai
io ti ascolterò e ti stringerò più forte.

E chiara nella sera
tu sarai la luna che non c'è.
Con quanta tenerezza
ti avvicini e ti confondi in me.
E forse non immagini nemmeno
quanto è grande questo cielo,
quanto spazio c'è qui dentro me
e ci sarà adesso che
mi vuoi così anche tu.

Con quanta tenerezza
ti avvicini e ti confondi in me.
E forse non immagini nemmeno
quanto è grande questo cielo,
quanto spazio c'è qui dentro me
e ci sarà adesso che
mi vuoi così anche tu,
adesso che mi vuoi così
anche tu.

The Moon That Is Not There

I know you, nostalgia
that comes upon you suddenly,
slightly slows the run that
has left you breathless and disappointed you.

If the world around us
no longer resembles us,
share it with me;
and I shall take it and cast it far away.

And bright in the evening,
you will be the moon that is not there.
In the lighter air
your warm hand is on me.
And perhaps you do not even imagine
how big this sky is,
how much space there is here within me
and will be now that
you too want me like this.

You will find your magic again,
little star in love,
for how much night there is still
in this night that has just been born!

Darkness will bring
with it its ghosts,
and if you are not sleeping
I shall listen to you and hold you tighter.

And bright in the evening,
you will be the moon that is not there.
With how much tenderness
you come closer and mingle with me.
And perhaps you do not even imagine
how big this sky is,
how much space there is here within me
and will be now that
you too want me like this.

With how much tenderness
you come closer and mingle with me.
And perhaps you do not even imagine
how big this sky is,
how much space there is here within me
and will be now that
you too want me like this,
now that you want me like this,
you too.

La serenata

Words and Music by Francesco Paolo Tosti
and Giovanni Alfredo Cesareo

Vola, o serenata: La mia diletta è sola,
e, con la bella testa abbandonata,
posa tra le lenzuola:
O serenata, vola. O serenata, vola.
Splende pura la luna,
l'ale il silenzio stende,
e dietro i veli dell'alcova
bruna la lampada s'accende.
Pure la luna splende.
Pure la luna splende.
Vola, o serenata,
Vola, o serenata, vola.
Ah! là. Ah! là.

Vola, o serenata: La mia diletta è sola,
ma sorridendo ancor mezzo assonnata,
torna fra le lenzuola:
O serenata, vola. O serenata, vola.
L'onda sogna su'l lido,
e'l vento su la fronda;
e a' baci miei ricusa ancora un nido
la mia signora bionda.
Sogna su'l lido l'onda.
Sogna su'l lido l'onda.
Vola, o serenata,
Vola, o serenata, vola.
Ah! là. Ah! là.

The Serenade

Fly, o serenade: My beloved is alone,
and, with her beautiful head deserted,
repose between her sheets:
O serenade, fly. O serenade, fly.
The moon shines brightly,
silence spreads its wings,
and behind the shadows of the dark
alcove the lamp burns.
The moon shines brightly.
The moon shines brightly.
Fly, o serenade,
Fly, o serenade, fly.
Ah! there. Ah! there.

Fly, o serenade: My beloved is alone,
but, still smiling half drowsy,
return between her sheets:
O serenade, fly. O serenade, fly.
The wave dreams on the shore,
and the wind on the branch;
and my blonde lady still denies
a place for my kisses.
The wave dreams on the shore.
The wave dreams on the shore.
Fly, o serenade,
Fly, o serenade, fly.
Ah! there. Ah! there.

Le tue parole

By Giuseppe Amoruso and S. Cirillo

Dove va a morire il sole,
dove il vento si riposa,
ci son tutte le parole
di chi è stato innamorato
e non ha dimenticato
tutto quello che c'è stato.
Ed aspetterò il tramonto,
deve pur passare il vento,
io mi lascerò portare,
dove nascon le parole,
cercherò le tue parole,
te le voglio riportare.
Non è giusto che una donna
per paura di sbagliare
non si possa innamorare,
e si deve accontentare
di una storia sempre uguale
di una vita da sognare.

Dove va a morire il sole,
dove il vento si riposa,
ho incontrato tanta gente
che in un mare di parole
e fra tanta confusione
spera ancora in un amore.
Non è giusto che una donna
per paura di sbagliare
non si possa innamorare
e si deve accontentare
di una storia sempre uguale,
di una vita da scordare.
e si deve accontentare
di una storia sempre uguale,
di una vita da scordare.

Your Words

Where the sun goes to die,
where the wind rests,
there are all the words
of those who have been in love
and have not forgotten
all that there has been.
And I shall wait for the sunset,
some time the wind must pass.
I shall let myself be carried
where the words are born.
I shall look for your words,
I want to bring them back to you.
It is not right that a woman
for fear of making a mistake
cannot fall in love
and has to content herself
with a story which is always the same
of a life to be dreamed.

Where the sun goes to die,
where the wind rests,
I have met many people
who, in a sea of words
and amid utter confusion,
still hope for a love.
It is not right that a woman
for fear of making a mistake
cannot fall in love
and has to content herself
with a story which is always the same
of a life to be forgotten,
and has to content herself
with a story which is always the same
of a life to be forgotten.

Mai più così lontano

By M. Malavasi

Mai più così lontano
Mai più così lontano
Mai più senza la mano
Che ti scalda il cuor
Mai più così lontano
Mai più così lontano
Mai più senza il calore
Che ti scalda il cuore

E mille giorni
E mille notti
Senza capire
Senza sentire
Senza sapere
Che non c'è niente al mondo
Nemmen nel più profondo
Sei solo tu
Soltanto tu

Mai più senza la mano
Che ti scalda il cuor
Mai più così lontano
Mai più così lontano
Mai più senza l'amore
Di chi ti ha aspettato

E mille giorni
E mille notti
Senza capire
Senza sentire
Senza sapere
Che non c'è niente al mondo
Nemmen nel più profondo
Sei solo tu
Soltanto tu

Mai più senza la mano
Che ti scalda il cuor
Mai più così lontano
Mai più così lontano
Mai più senza l'amore
Di chi ti ha aspettato

Never So Far Again

Never so far again
Never so far again
Never again without the hand
That warms my heart
Never so far again
Never so far again
Never again without the passion
That warms my heart

And a thousand days
And a thousand nights
Without understanding
Without feeling
Without realizing
That there's nothing else in this world
Not even in the depth of my soul
You're the only one I need
You, and only you

Never again without the hand
That warms my heart
Never so far again
Never so far again
Never again without the love
Of one who has waited for me

And a thousand days
And a thousand nights
Without understanding
Without feeling
Without realizing
That there's nothing else in this world
Not even in the depth of my soul
You're the only one I need
You, and only you

Never again without the hand
That warms my heart
Never so far again
Never so far again
Never again without the love
Of one who has waited for me

Malìa

Words and Music by Francesco Paolo Tosti
and Rocco Emanuele Pagliara

Cosa c'era ne'l fior che m'hai dato?
Forse un filtro, un arcano poter?
Nel toccarlo, il mio core ha tremato,
m'ha l'olezzo turbato il pensier.
Ne le vaghe movenze, che ci hai?
Un incanto vien forse con te?
Freme l'aria per dove tu vai,
spunta un fiore ove passa 'l tuo piè.

Io non chiedo qual plaga beata
fino adesso soggiorno ti fu:
non ti chiedo se ninfa, se fata,
se una bionda parvenza sei tu!
Ma che c'è nel tuo sguardo fatale?
Cosa ci hai nel tuo magico dir?
Se mi guardi, un'ebbrezza m'assale,
se mi parli, mi sento morir!

Enchantment

What was there in that flower you gave me?
Perhaps a love-potion, a mysterious power!
As I touched it, my heart trembled,
its perfume troubled my thoughts!
What was there in your delicate movements?
Do you bring a magic charm with you?
The air quivers wherever you go,
a flower springs at your feet as you pass!

I do not ask in which blessed place
you have lived until now:
I do not ask if you are a nymph, a fairy
or a fair apparition!
But what is there in your fateful glance?
What is there in your magical words?
When you look at me, rapture overwhelms me,
when you speak to me, I feel as if I am dying!

Mattinata

Words and Music by Ruggero Leoncavallo

L'aurora di bianco vestita
Già l'uscio dischiude al gran sol;
Di già con le rosee sue dita
Carezza de' fiori lo stuol!
Commosso da un fremito arcano
Intorno il creato già par;
E tu non ti desti, ed invano
Mi sto qui dolente a cantar.

Metti anche tu la veste bianca
E schiudi l'uscio al tuo cantor!
Ove non sei la luce manca;
Ove tu sei nasce l'amor.

Commosso da un fremito arcano
Intorno il creato già par;
E tu non ti desti, ed invano
Mi sto qui dolente a cantar.

Ove non sei la luce manca;
Ove tu sei nasce l'amor.

Morning Serenade

Dawn, dressed in white,
already opens the door to broad daylight;
already, with her rosy fingers,
she caresses the multitude of flowers!
All around, creation seems stirred
by a mysterious throbbing;
and you do not awaken; and in vain
I stay here, aching to sing.

Put on your white dress too,
and open the door to your minstrel!
Where you are not, sunlight is missing;
where you are, love dawns.

All around, creation seems stirred
by a mysterious throbbing;
and you do not awaken; and in vain
I stay here, aching to sing.

Where you are not, sunlight is missing;
where you are, love dawns.

Melodramma

By P. Guerrini and P. Luciani

Questa mia canzone
Inno dell'amore
Te la canto adesso
Con il mio dolor
Così forte, così grande
che mi trafigge il cuor.

Ma limpido è il mattino
tra i campi odor di vino
Io ti sognavo e adesso
Ti vedo ancora lì
Ah, quanta nostalgia
Affresco di collina
Io piango che pazzia
Fu andarsene poi via.

Questa melodia
Inno dell'amore
Te la canto e sento
Tutto il mio dolor
Così forte, così grande
che mi trafigge il cuor.

Ma limpido è il mattino
tra i campi un gran mulino
lì è nato il mio destino
amaro senza te…
amaro senza te.

E questo core canta
Un dolce melodramma
È l'inno dell'amor
Che canterò per te
È un melodramma che
Che canto senza te.

Melodrama

This song of mine
Hymn of love
I sing to you now
with my pain
so strong so great
it stabs my heart.

But the morning is clear
among the fields the scent of wine
I dreamt of you and now
I see you there
ah, what memories
fresco of hills
I cry what madness
it was to go away.

This melody
Hymn of love
I sing to you and feel
all my pain
so strong, so great
it stabs my heart.

But the morning is clear
among the fields a large mill
there my destiny was born
bitter without you…
bitter without you.

And this heart sings
a sweet melodrama
it's the hymn of love
I'll sing for you
it's a melodrama
I sing without you.

Nel cuore lei

By B. Zambrini, Dedo Cogliati and E. Ramazzotti

Se
Conosci già l'amore
Che vuole lei
Tu saprai che dovrai
Dare tutto quel che hai
A lei
Ti legherai finchè vivrai, a lei....

Ti prenderà il cuore
Ti vincerà
Lei sarà la tua strada
Che non puoi lasciare mai
A lei
Ti legherai finchè vivrai, a lei....

E non c'è niente come lei
E non c'è niente da capire
È tutta lì
La sua grandezza
In quella leggerezza
Che solo lei ti dà

Sarà così e poi
Sara di più
L'amerai....l'amerai
Perchè tu ci crederai
A lei, a lei
Ti legherai finchè vivrai, a lei....

E non c'è niente come lei
E non c'è niente da capire
Lei è così
Puoi solo dire
Che più ti fa soffrire
Più ancora l'amerai
Finchè tu vorrai scoprire
Dentro un brivido che dà
Il segreto della sua eternità

A lei
Regalerai
Quello che resterà
Del tuo tempo che verrà
A lei
Ti legherai, per sempre avrai
Nel cuore lei....

She's There in Your Heart

If
You already know
The love she wants
You'll know
You have to give everything, all of it
To her
You'll become as one, with her, forever....

She'll touch your heart
She'll win your heart
She'll be your path
That leads to what you lacked, the path
To her
You'll become as one, with her, forever....

And nothing can compare with her
There's really nothing to understand
It's just the secret of
Her greatness
The sheer joy
That she alone can give

And that's how, now, it will always be
Until it becomes even more
You'll love her, oh how you'll love her
Because you trust yourself to her
To her
You'll become as one, with her, forever....

And nothing can compare with her
There's really nothing to understand
That's just the way she is
All you'll know for sure
Is the more she makes you suffer
The more you find you love her
Until at last that dawning
That in the thrill she alone can give
Lies the secret of her eternity

To her
You'll gladly give
All that's left
Of the time you've still to come
To her
You're as one, with her, forever
And she'll be there, in your heart....

'O mare e tu

By Enzo Gragnaniello

(In Neopolitan Dialect)
Sentir em nòs
Sentir em nòs
Uma razão
Para não ficarmos sòs
E nesse abraço forte
Sentir o mar,
Na nossa voz,
Chorar como quem sonha
Sempre navegar
Nas velas rubras deste amor
Ao longe a barca louca perde o norte.

Ammore mio
Si nun ce stess'o mare e tu
Nun ce stesse manch'io
Ammore mio
L'ammore esiste quanno nuje
Stamme vicino a Dio
Ammore

No teu olhar
Um espelho de àgua
A vida a navegar
Por entre sonho e a màgoa
Sem um adeus sequer.
E mansamente,
Talvez no mar,
Eu veita em espuma encontre o sol do
Teu olhar,
Voga ao de leve, meu amor
Ao longe a barca nua a lodo o pano.

Ammore mio
Si nun ce stess'o mare e tu
Nun ce stesse manch'io
Ammore mio
L'ammore esiste quanno nuje
Stamme vicino a Dio
Ammore

Ammore mio
Si nun ce stess'o mare e tu
Nun ce stesse manch'io
Ammore mio
L'ammore esiste quanno nuje
Stamme vicino a Dio
Ammore

The Sea and You

Even for us,
Even for us
There's a reason
That keeps us here
And if you hold me tight
I'll cry, and I'll cry
Until I'd let myself go
And moisten you with my tears
The tears of my love
A man lost his heart in that street

My love
If the sea and you were not here
I wouldn't be here either
My love
Love exists when
We are close to God
My love

Even for us, even for us
There's another world
That'll never separate us
And without ever saying goodbye
I'll leave this place,
And you'll be gone
And that's why we'll never part
Nothing will take our love away
A man finds his heart in that street

My love
If the sea and you were not here
I wouldn't be here either
My love
Love exists when
We are close to God
My love

My love
If the sea and you were not here
I wouldn't be here either
My love
Love exists when
We are close to God
My love

Occhi di fata

By Luigi Denza and Tremacoldo

O begl'occhi di fata,
o begl'occhi stranissimi e profondi...
Voi m'avete rubata
la pace della prima gioventù.

Bella signora dai capelli biondi
per la mia giovinezza che v'ho data
mi darete di più.

O sì, voi mi darete dei vostri baci
la febbre e l'ardore!
Trepidante sarete
tra le mie bracie aperte...
tra le mie bracie aperte
e sul mio cor.

Della mia gioventù prendete il fiore.
Del mio giovine sangue l'ardore prendete.
Ma datemi l'amor,
ma datemi l'amor!

Fairy Eyes

O beautiful fairy eyes
O lovely eyes so very strange and deep.
You have stolen
the peace of my youth.

Beautiful signora with the blonde hair
I have given you my youth
but you give me more.

Oh yes, you give me your kisses,
the fever and ardor!
I am anxious that you will be
in my open arms...
in my open arms
and in my heart.

You take the flower of my youth.
You take the ardor of my young blood...
but give me love,
but give me love!

Per amore

By M. Nava

Io conosco la tua strada,
ogni passo che farai,
le tue ansie chiuse e i vuoti,
sassi che allontanerai
senza mai pensare che
come roccia io ritorno in te…
Io conosco i tuoi respiri,
tutto quello che non vuoi.
Lo sai bene che non vivi,
riconoscerlo non puoi.
E sarebbe come se
questo cielo in fiamme
ricadesse in me,
come scena su un attore…

Per amore,
hai mai fatto niente
solo per amore,
hai sfidato il vento e
urlato mai,
diviso il cuore stesso,
pagato e riscommesso,
dietro questa manìa
che resta solo mia?

Per amore,
hai mai corso senza fiato
per amore,
perso e ricominciato?
E devi dirlo adesso
quanto di te ci hai messo,
quanto hai creduto tu
in questa bugìa.
E sarebbe come se
questo fiume in piena
risalisse a me,
come china al suo pittore.

Per amore,
hai mai speso tutto quanto,
la ragione,
il tuo orgoglio fino al pianto?
Lo sai stasera resto,
non ho nessun pretesto,
soltanto una manìa
che resta forte e mia
dentro quest'anima che
strappi via.
E te lo dico adesso,
sincero con me stesso,
quanto mi costa non saperti mia.
E sarebbe come se
tutto questo mare
annegasse in me.

For Love

I know your road,
every step you will make,
your closed anxieties and the emptinesses,
stones you will dismiss
without ever thinking that,
like rock, I return in you…
I know your every breath,
all you do not want.
You know well you do not live,
you cannot recognize it,
and it would be as if
this fiery sky
were to fall back within me
like a scene on an actor…

For love,
have you ever done anything
only for love?
Have you ever defied the wind and cried out,
divided the heart itself,
paid and bet again,
behind this obsession
that remains only mine?

For love,
have you ever run breathless
for love,
lost and started again?
And you have to say now
how much of yourself you have committed,
how much you have believed
in this lie.
And it would be as if
this river in flood
rose up again to me
like Indian ink to the artist.

For love,
have you ever spent everything,
reason,
your pride, up to the tears?
You know tonight I remain,
I have no pretext,
only an obsession
that is still strong and mine
inside the soul you tear away.
And I tell you now,
sincere with myself,
how much it costs me to know you are
not mine.
And it would be as if
all this sea
drowned in me.

The Prayer

Words and Music by Carole Bayer Sager and David Foster
Italian Lyrics by Alberto Testa and Tony Renis

I pray you'll be our eyes,
and watch us where we go
And help us to be wise,
in times when we don't know.
Let this be our prayer,
when we lose our way
Lead us to a place,
guide us with your grace
To a place where we'll be safe.
La luce che tu dai
I pray we'll find your light
Nel cuore resterà
And hold it in our hearts
A ricordarci che
(continued)

(continued)
When stars go out each night
L'eterna stella sei
Nella mia preghiera
Let this be our prayer
Quanta fede c'è
When shadows fill our day
Lead us to a place
Guide us with your grace
Give us faith so we'll be safe
Sognamo un mondo senza più violenza
Un mondo di giustizia e di speranza
Ognuno dia la mano al suo vicino
Simbolo di pace e di fraternità
La forza che ci dia
We ask that life be kind
È il desiderio che
And watch us from above
Ognuno trovi amor
We hope each soul will find
Intorno e dentro a sé
Another soul to love
Let this be our prayer
Let this be our prayer
Just like every child
Just like every child
Need to find a place,
Guide us with your grace
Give us faith so we'll be safe
E la fede che
Hai acceso in noi
Sento che ci salverà

Rapsodìa
By Malise

Io vorrei
liberati domattina
e vorrei
vederti volare
sui nevai come prima.

Tu, così lontana,
seppure ormai
così vicina.
E l'anima se ne va
verso l'eternità.

Rapsodìa.
Io vorrei
liberarti il cuore
e vorrei
restare indietro
e far finta di cadere.

Perchè così sei più vicina
a illuminar
la vita mia.
E l'anima se ne va
verso l'eternità.
L'anima se ne va.

Perchè così sei più vicina
a illuminar
la vita mia.
E l'anima se ne va
verso l'eternità.

L'anima se ne va
verso l'eternità.

Rhapsody

*I would like
to free you tomorrow
and would like
to see you fly
over the snowfields, like before.*

*You, so far away,
even though by now
so near.
And the soul departs
to eternity.*

*Rhapsody.
I would like
to free your heart
and would like
to stay behind
and pretend to fall.*

*Because like this you are closer
and can light
my life.
And the soul departs
to eternity.
The soul departs.*

*Because like this you are closer
and can light
my life.
And the soul departs
to eternity.*

*The soul departs
to eternity.*

Resta qui

By A. Bocelli and M. Musumeci

Perderti così
Come un attimo
Mentre tutto va
Oltre i limiti
Della mia fantasia
Tu che eri mia!

Voli e brividi
Grandi sogni che
Forse realizzai
A che servono
Se tu non sei qui
Qui con me
Anche se ho sbagliato io…

Resta qui con me
io sarò per te
un angelo vero che songa e che sa
prenderti la mano
e darti l'anima
resta qui
resta qui
tu che sei mia
un attimo e noi
voleremo là
dove tutto è paradiso se
noi noi saremo là
soli ma insieme.

Lo ritornerò credimi
L'uomo che hai amato in me

Resta qui con me
io sarò per te
un angelo vero che songa e che sa
rallentare il tempo
che non passerà
resta qui, resta qui,
tu che sei mia

Un attimo e noi
voleremo là
ogni giorno che
noi saremo insieme

Stay Here

To lose you like that
as in a moment
when everything's
going beyond
your wildest dreams
you who were mine!

Flights of fancy
thrills and dreams
that maybe came true
what are they for
if you're not here
here with me
even if I was wrong…

Stay here with me
I'll be yours
a real angel who dreams, who can
hold your hand
and give you his soul
stay here
stay here
you who are mine
one moment and we
will fly there
where all is paradise if
we, we are together
alone but together

I'll come back believe me
The man you loved in me

Stay here with me
I'll be yours
a real angel who dreams and can
slow down time
and make it stop
stay here, stay here
you who are mine

One moment and we
will fly there
every day
we are together

Romanza

By M. Malavasi

Già la sento,
già la sento morire,
però è calma sembra voglia dormire;
poi con gli occhi
lei mi viene a cercare,
poi si toglie
anche l'ultimo velo,
anche l'ultimo cielo,
anche l'ultimo bacio.
Ah, forse colpa mia,
ah, forse colpa tua,
e così son rimasto a pensare.
Ma la vita,
ma la vita cos'è,
tutto o niente,
forse neanche un perchè.
Con le mani
lei mi viene a cercare,
poi mi stringe,
lentamente mi lascia,
lentamente mi stringe,
lentamente mi cerca.
Ah, forse colpa mia,
ah, forse colpa tua,
e così sono rimasto a guardare.
E lo chiamano amore,
e lo chiamano amore,
e lo chiamano amore,
(continued)

Romance

I already hear,
I already hear her die,
but she is calm, as if she wants to sleep;
then with her eyes
she comes to look for me,
then she surrenders,
also the last veil,
also the last sky,
also the last kiss.
Ah, perhaps it is my fault,
ah, perhaps it is your fault,
and so I remained thinking.
But life,
but life, what is it?
Everything or nothing,
perhaps not even a 'why'.
With her hands
she comes to look for me,
then she holds me tight.
Slowly she releases me,
slowly she holds me,
slowly she looks for me.
Ah, perhaps it is my fault,
ah, perhaps it is your fault,
and so I remained looking.
And they call it love,
and they call it love,
and they call it love,
(continued)

(continued)
una spina nel cuore
che non fa dolore.
È un deserto
questa gente
con la sabbia
in fondo al cuore
e tu,
che non mi senti più,
che non mi vedi più,
avessi almeno il coraggio
e la forza di dirti
che sono con te.
(Ave Maria, ave Maria.)
Ah, forse colpa mia,
ah, forse colpa mia,
e così son rimasto così
son rimasto così.

Già la sento
che non può più sentire;
in silenzio
se n'è andata a dormire,
è già andata a dormire.

(continued)
a thorn in the heart
that gives no pain.
It is a desert,
these people
with sand
at the bottom of their hearts,
and you,
who hear me no longer,
who see me no longer.
If at least I had the courage
and the strength to tell you
that I am with you.
(Ave Maria, ave Maria.)
Ah, perhaps it is my fault,
ah, perhaps it is my fault,
and so I remained so,
I remained so.

I already hear
that she can hear no longer;
in silence
she went to sleep,
she has already gone to sleep.

Se la gente usasse il cuore
By Tony Renis, Massimo Guantini and Alberta Testa

If People Used Their Hearts

Se la gente usasse il cuore
Per decidere con semplicità
Cosa è giusto e cosa no
Ci sarebbe tra noi
Molta più felicità

If people used their hearts
to decide quite simply
what's right and what isn't
there would be among us
much more happiness

Se la gente usasse il cuore
Si aprirebbe un orizzonte migliore
Troppa indifferenza c'è
Prova a vincerla tu
Che puoi farcela se vuoi

If people used their hearts
a better horizon would come in view
too many don't care
just try to win
you can if you want to

E cerca di esser tu
Il primo che ci sta
A rinunciare un po'
Per dare a chi non ha
Basta poco a te
Ma forse non lo sai
Che quello che tu dai
è quello che tu avrai

And try to be
the first one who
reaches out a little
to give to those who do not have…
it only takes a little
but perhaps you don't know
that what you give
is what you'll have

Se la gente usasse il cuore
Anche l'aria prenderebbe colore
Cresca la speranza in noi
E in futuro vedrà
Cieli di serenità

If people used their hearts
even the air would start to glow
let hope grow within us
and our future will see
clear blue skies

E non ti pentirai
Se adesso ti aprirai
A chi non ce la fa
E soffre accanto a te
Forse non lo sai
Ma basta poco a te
Per somigliare a un re
E il cuore vincerà
Ma…
comincia ad esser tu
A rinunciare un po'
Per dare a chi non ha…
Forse non lo sai
Ma basta poco a te
Per somigliare a un re
E il cuore vincerà

And you won't regret it
if now you open up
to those who don't make it
and suffer by your side
Perhaps you don't know
but it only takes a little
to be like a king
and your heart will win
but…
start by being the first one who
reaches out a little
to give to those who do not have…
perhaps you don't know
but it only takes a little
to be like a king
and your heart will win

Sogno

By G. Vessichio and G. Servillo

Va ti aspetterò
Il fiore nel giardino segna il tempo
Qui disegnerò il giorno poi del tuo ritorno
Sei così sicura del mio amore
Da portarlo via con te
Chiuso nelle mani che ti porti al viso
Ripensando ancora a me
E se ti servirà lo mostri a mondo
Che non sa che vita c'è
Nel cuore che distratto sembra assente
Non sa che vita c'è
In quello che soltanto il cuore sente
Non sa

Qui ti aspetterò
E ruberò i baci al tempo
Tempo che non basta a cancellare
Coi ricordi il desiderio che
Resta chiuso nelle mani che ti porti al viso
Ripensando a me
E ti accompagnerà passando le città da me
Da me che sono ancora qui
E sogno cose che non so di te
Dove sarà che strada farà il tuo ritorno
Sogno...

Qui ti aspetterò
E ruberò i baci al tempo
Sogno
Un rumore il vento che me sveglia
E sei già qua

I Dream

Go then, I will wait for you
The flowers in the garden will mark your absence
And rejoice in the day of your return
Of my love you are so sure
So sure you can take it with you
Cupped in the hands that you raise to your face
As you still think of me
And if you need to, you can show it to the world
A world that couldn't begin to understand what lives
In an uncaring absent heart
That couldn't begin to understand
What a heart can truly feel
Couldn't understand

This is where I will wait for you
Stealing imaginary kisses as time goes by
Time, time cannot erase
The memories and the desire
That you cup in the hands you raise to your face
As you still think of me
Throughout your journey it will lead you back to me
For I'll still be waiting here, dreaming
Dreaming of your unknown whereabouts
Picturing the scene you'll return to, and how you'll return
I dream

This is where I will wait for you
Stealing imaginary kisses as time goes by
I dream
A noise, the wind awakes me
And you're already here

Sogno d'amore (Liebestraum)

Music by Franz Liszt
Words by Andrea Bocelli

Vorrei ancora un attimo soltanto
per il sogno mio d'amor,
Ed io saprei rapirti con il canto
dolcissimo del mio cuor.
Ma tu non senti questo mio grido
e forse non ricordi
quando mi stringevi
e fra i baci mi sussurravi:
"Io non potrò dimenticarlo mai!"

Amore mio, sapessi com'è amaro!
Qui tutto mi parla ancora di te,
Io piango e rido e grido e parlo
e tremo, e spero, per non morir!
Ma intanto brucia l'anima
vibrante nello spasimo,
vibrante nello spasimo,
e tutto s'accende un sogno d'amor:
carezze, baci, estasi
che non rivivrò.

O bocca amata, o mani che adorai,
mai più potrò amar così!
O voce cara, o cuor che a me si aprì,
perchè, perchè l'amor finì?
Amor, amor, amor!

Dream of Love

I should like just one moment more
for my dream of love,
and I would be able to captivate you
with the sweetest song from my heart.
But you do not hear my cry
and perhaps have forgotten
when you held me tight
and, amid kisses, whispered to me:
"I shall never forget you!"

My love, if you knew how bitter it is!
Everything here still speaks to me of you
I weep and laugh and cry and speak
and tremble, and hope, so as not to die!
But meanwhile my tremulous soul
resonates with agony,
resonates with agony,
and a dream of love sparks into life:
caresses, kisses, ecstasy
I shall never know again!

O beloved lips, o hands I adored,
I shall never be able to love like that again!
O dear voice, o heart which opened to me,
why, why did love come to an end?
Love, love, love!

Tu ci sei

Words by Francesco Sartori
Music by Lucio Quarantotto

Ascoltami
o amore che io lo so
muovi tutto e muovi anche me
muovi le onde e poi le porti a riva
splendi le stelle, preziose e belle

E io lo so
che tu sei fuoco
e vorrei io vorrei illuminasse anche me
Ma tu sei il centro sei sempre stato il centro
Ah tu sei il tempo io solo vero tempo che c'è

E tu ci sei lo so lo so in me lo so
oltre la mente mia contro ogni logica ci sei
sei tu quel vento che rialza gli uomini
dopo la tempesta

Ma io no
io no non so
però nel mio cuore ti cerco di più
su questa terra io sento il pianto e il fumo
dov'è l'amore se c'è mai stato amore

Ma tu ci sei lo so lo so in me lo so
oltre la mente mia sopra ogni logica ci sei
sei tu quel vento che rialza gli uomini
dopo la tempesta

Oltre la mente mia
sopra ogni logica ci sei
ma nei miei sogni io, io oggi non ti sento più
sei tu il respiro che rialza gli uomini
attraversa il tempo, l'amore tuo per me

sei tu il respiro che rialza gli uomini
io lo so lo so
lo so

You Are There

Listen to me
O love that I know
you move all and you move me too
you move the waves and then bring them to shore
you shine the stars, precious and beautiful

And I know
that you are fire
and I want, I want you to light me too
But you are the center, have always been the center
Ah, you are time the only true time there is

And you are there, I know it, I know it, I know it in me
beyond my mind, above all logic, you are there
you are that wind that raises men
after the storm

But not me,
not me, I do not know
and yet in my heart I search for you more
on this earth I sense tears and smoke
where is the love if it has never been love

But you are there, I know it, I know it, I know it in me
beyond my mind, above all logic, you are there
you are that wind that lifts men up
after the storm

Beyond my mind,
above all logic, you are there
but in my dreams, today I do not feel you anymore
you are the breath that lifts men up
through time, your love for me

you are the breath that lifts men up
I know it, I know it,
I know it

Vaghissima sembianza

Words and Music by Stefano Donaudy

Vaghissima sembianza
d'antica donna amata,
chi, dunque, v'ha ritratta
con tanta simiglianza
ch'io guardo, e parlo,
e credo d'avervi
a me davanti come ai bei dì amore?

La cara rimembranza
che in cor mi s'è
destata sì ardente
v'ha già fatta rinascer la speranza,
che un bacio, un voto, un grido d'amore
più non chiedo che a lei
che muta è ognor.

Non chiedo, non chiedo che a lei
che muta è ognor.

Most Charming Semblance

Most charming semblance
of my formerly loved woman,
who, then, has portrayed you
with such a likeness
that I gaze, and speak,
and believe to have you
before me as in the beautiful days of love?

The cherished memory
which in my heart has been
awakened so ardently
has already revived hope there,
so that a kiss, a vow, a cry of love
I no longer ask except of her
who is forever silent.

I do not ask, I do not ask except of her
who is forever silent.

Vivere

By A. Anastasio, C. Valli and G. Trovato

Vivo ricopiando yesterday
e sono sempre in mezzo ai guai.
Vivo e ti domando cosa sei,
ma, specchio, tu non parli mai.

Io che non potrò mai creare niente,
io amo l'amore ma non la gente,
io che non sarò mai un Dio.

Vivere, nessuno mai ce l'ha insegnato,
vivere fotocopiandoci il passato,
vivere, anche se non l'ho chiesto io di vivere,
come una canzone che nessuno canterà.

Ma se tu vedessi l'uomo
davanti al tuo portone
che dorme avvolto in un cartone,
se tu ascoltassi il mondo
una mattina senza il rumore
della pioggia,
tu che puoi creare con la tua voce,
tu pensi i pensieri della gente,
poi di Dio, c'è solo Dio.

Vivere, nessuno mai ce l'ha insegnato,
vivere, non si può vivere senza passato,
vivere è bello anche se
non l'hai chiesto mai,
una canzone ci sarà
sempre qualcuno che la canterà.
Qualcuno non mi basta.
Vivere cercando ancora il grande amore.
Perchè, perchè, perchè, perchè
non vivi questa sera?

Vivere come se mai dovessimo morire.
Perchè, perchè, perchè, perchè
non vivi ora?
Vivere per poi capire all'improvviso…
Perchè, perchè, perchè
la vita non è vita
…che in fondo questa vita tu non l'hai vissuta.
…perchè non l'hai vissuta.

Vivere cercando ancora il grande amore.
Vivere,
Vivere come se mai dovessimo morire.
Vivere.
Vivere per poi capire all'improvviso...
Perchè, perchè, perchè
la vita non è vita
…che in fondo questo vita tu non l'hai vissuta mai.
…perchè non l'hai vissuta mai.

Ti dico no,
ti dico sì,
ti dico che
ho voglia di vivere.

To Live

I live copying yesterday
and am always in trouble.
I live and ask you what you are
but, mirror, you never speak.

I who shall never be able to create anything,
I love love but not people,
I who shall never be a god.

Nobody has ever taught us how to live,
to live photocopying the past,
to live even though I did not ask to live,
like a song no one will sing.

But if you saw
on your doorstep
the man who sleeps in a cardboard box,
if you were to listen to the world
one morning
without the noise of the rain,
you, who can create with your voice,
you think the thoughts of the people;
then about God, there is only one God.

Nobody has ever taught us how to live,
to live is not possible without the past,
to live is beautiful even though you never
asked for it;
there will be a song
and always someone to sing it.
Someone is not enough for me.
To live still searching for the great love.
Why, why, why, why
do you not live tonight?

To live as if we never had to die.
Why, why, why, why
do you not live now?
To live and then suddenly understand…
Why, why, why?
Life is not life
…that after all you did not live this life
…because you did not live it.

To live still searching for the great love.
To live.
To live as if we never had to die.
To live.
To live and then suddenly understand…
Why, why, why?
Life is not life…
…that after all you did not live this life.
…because you never lived it.

I say no to you.
I say yes to you.
I say to you that
I want to live.

Vivo per lei

By V. Zelli, M. Mengalli and Gigi Panceri

Vivo per lei da quando sai
la prima volta l'ho incontrata,
non mi ricordo come ma
mi è entrata dentro e c'è restata.
Vivo per lei perchè mi fa
vibrare forte l'anima,
vivo per lei e non è un peso.

Vivo per lei anch'io lo sai
e tu non esserne geloso,
lei è di tutti quelli che
hanno un bisogno sempre acceso,
come uno stereo in camera,
di chi è da solo e adesso sa,
che è anche per lui, per questo
io vivo per lei.

È una musa che ci invita
a sfiorarla con le dita,
attraverso un pianoforte
la morte è lontana,
io vivo per lei.

Vivo per lei che spesso sa
essere dolce e sensuale
a volte picchia in testa ma
è un pugno che non fa mai male.

Vivo per lei lo so mi fa
girare di città in città,
soffrire un po' ma almeno io vivo.

È un dolore quando parte.
Vivo per lei dentro gli hotels.
Con piacere estremo cresce.
Vivo per lei nel vortice.
Attraverso la mia voce
si espande e amore produce.

Vivo per lei nient'altro ho
e quanti altri incontrerò
che come me hanno scritto in viso:
io vivo per lei.

Io vivo per lei
sopra un palco o contro ad un muro…
Vivo per lei al limite.
…anche in un domani duro.
Vivo per lei al margine.
Ogni giorno
una conquista,
la protagonista
sarà sempre lei.

Vivo per lei perchè oramai
io non ho altra via d'uscita,
perchè la musica lo sai
davvero non l'ho mai tradita.

Vivo per lei perchè mi da
pause e note in libertà.
Ci fosse un'altra vita la vivo,
la vivo per lei.

Vivo per lei la musica.
Io vivo per lei.
Vivo per lei è unica.
Io vivo per lei.
Io vivo per lei.
Io vivo
per lei.

I Live for Her

I live for her, you know, since
the first time I met her.
I do not remember how, but
she entered within me and stayed there.
I live for her because she makes
my soul vibrate so strongly.
I live for her and it is not a burden.

I live for her too, you know,
and don't be jealous;
she belongs to all those who
have a need that is always switched on
like a stereo in the bedroom,
to someone who is alone and now knows
that she is also for him; for this reason
I live for her.

She is a muse who invites us
to brush her with the fingers.
Through a piano
death remains far away;
I live for her.

I live for her who often knows
how to be sweet and sensual;
sometimes she stuns you but
it is a blow that never hurts.

I live for her. I know she makes me
travel from town to town
and suffer a little, but at least I live.

It is painful when she leaves.
I live in hotels for her.
It grows with supreme pleasure.
I live for her in the vortex.
Through my voice
it expands and produces love.

I live for her, I have nothing else,
and how many others I shall meet
who, like me, have written on their faces:
"I live for her."

I live for her
on a dais or against a wall…
I live for her to the limit.
…also in a harsh tomorrow.
I live for her to the very edge.
Every day
a conquest;
the protagonist
will always be her.

I live for her because now
I have no other way out,
because, you know, music
is something I have truly never betrayed.

I live for her because she gives me
rests and notes with freedom.
If there were another life I'd live it,
I'd live it for her.

I live for her, music.
I live for her.
I live for her, she is unique.
I live for her.
I live for her.
I live
for her.

CANTO DELLA TERRA

By F. SARTORI and L. QUARANTOTTO

CARUSO

Words and Music by
LUCIO DALLA

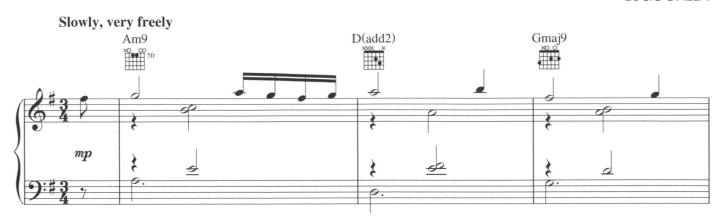

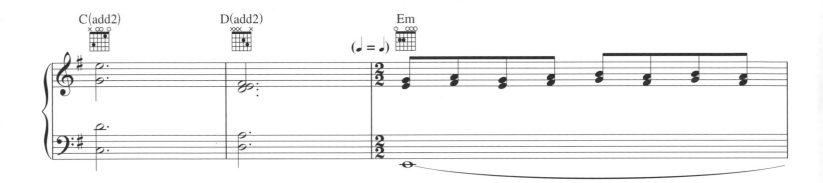

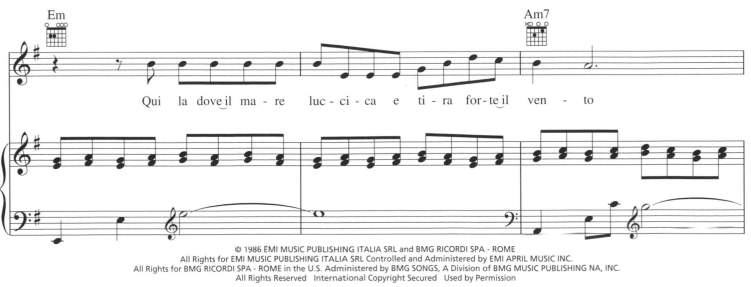

Qui la dove il ma - re luc-ci-ca e ti - ra for-te il ven - to

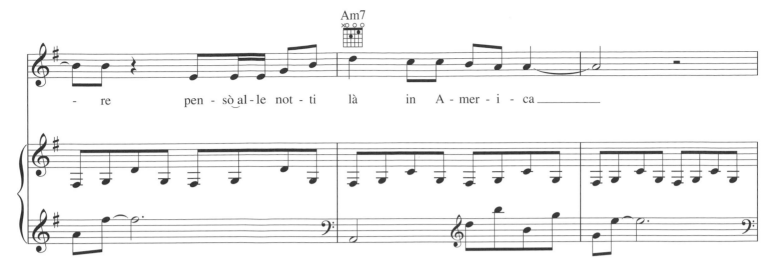

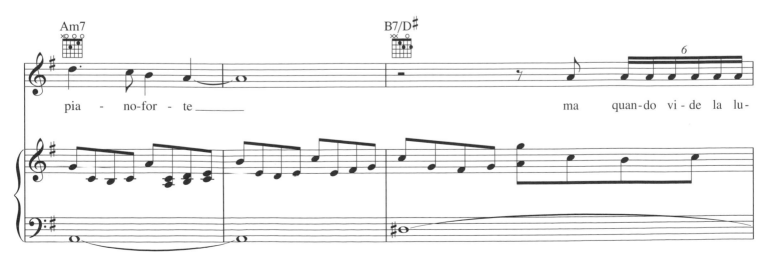

na u-sci – re da u-na nu-vo-la

gli sem-brò più dol-ce an-che la mor – te

guar-dò ne-gli oc-chi la ra-gaz – za

que-gli oc-chi ver-di

co – me il ma-re

poi al-l'im – prov-vi-so u-scì u-na la – cri-ma

e lui cre-det-te di af-fo-ga – re.

Te vo-glio

li - ri - ca do - ve o - gni dram-ma è un fal - so

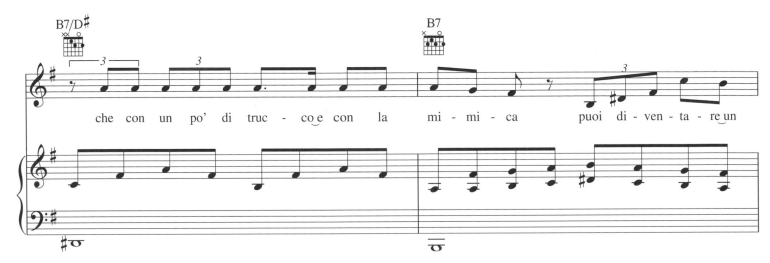

che con un po' di truc - co e con la mi - mi - ca puoi di - ven - ta - re un

al - tro ma due oc - chi che ti

guar - da - no co - sì vi - ci - ni e ve - ri _____

CON TE PARTIRÒ

By F. SARTORI and L. QUARANTOTTO

Quan-do so-no so-lo so-gno al-l'o-riz-zon-te e man-can le pa-ro-le sì lo so che non c'è lu-ce in

u-na stan-za quan-do man-ca il so-le se non ci sei tu con

rò   su na - vi per ma - ri   che io lo so   no no non e - si - sto - no

più.   Con te io li vi - vrò   quan-do sei lon - ta - na   so - gno al-l'o - riz-zon-te e man-can le pa -
         (it's time to say good-bye)

ro - le   e io sì lo so che sei con me   con me   tu mia lu-na tu sei qui con me

mi - o so - le tu sei qui con me   con me   con   me   con me.

Dal ℅ al ✛, poi segue

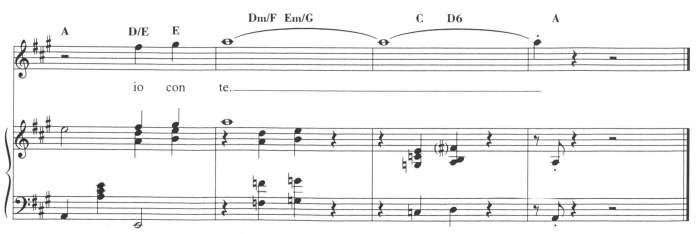

IDEALE

Words and Music by FRANCESCO PAOLO TOSTI
and CARMELO ERRICO
Arranged by LORIN MAAZEL

guii co-me u-n'a-mi-ca fa-ce de la not-te nel ve-lo. E ti sen-

tii___ ne la lu - ce, ne l'a - ria, nel pro-fu - mo dei fio - ri, e fu

con anima

pie - na la stan-za so-li-ta-ria di te, dei tuoi splen - do - ri.

In te ra - pi - to, al suon de la tua vo - ce lun - ga - men - te so -

gnai,___ e de la ter - ra o - gni af-fan-no, o - gni cro - ce in quel gior-no scor-

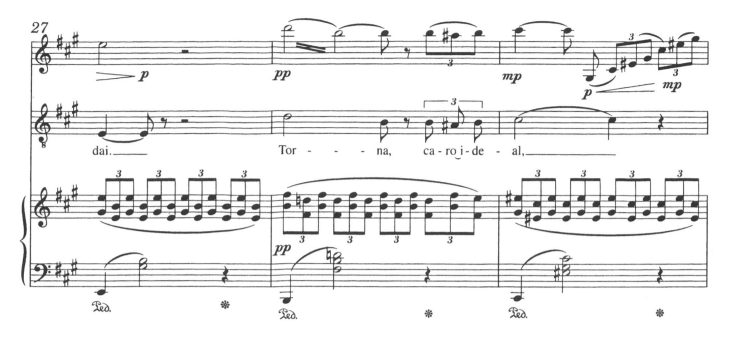

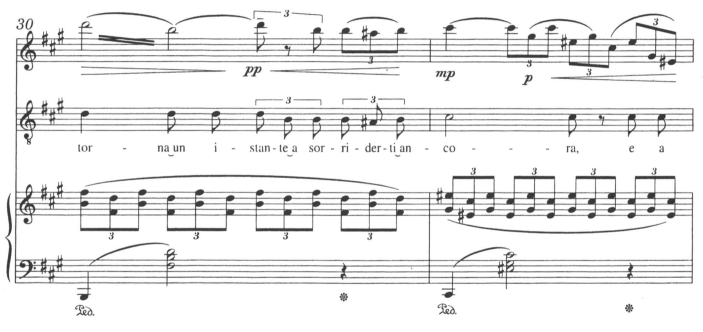

IL MARE CALMO DELLA SERA

By G. FELISATTI, G. NUTI
and MALISE

51

IL MISTERO DELL'AMORE

By LAUREX and R. DI PIETRO

ste - ri que-sto_a - mo - re mio._____ Pri-gio-nie - ro del

Dal 𝄋 al ⊕, poi segue

vo-li_in-fi - ni-ti sul-le cit - tà al - l'o-riz-

zon-te so-la - men-te noi_____ un mon-do nuo-vo da cer-

ca - re_in due_____ que-sto_è il mi - ste-ro del-l'a - mo-

LA LUNA CHE NON C'È

By D. FARINA and A. MAGGIO

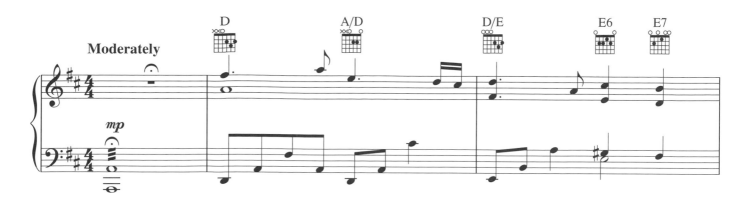

Co - no - sco - te   la   no - stal -
Ri - tro - ve - rai   la   tua   ma -

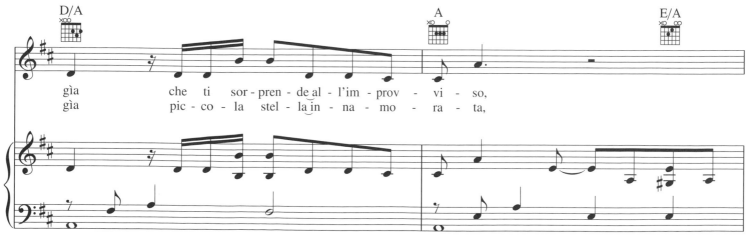

già   che ti sor - pren - de al - l'im - prov - vi - so,
già   pic - co - la   stel - la in - na - mo - ra - ta,

IMMENSO

By F. SARTORI and L. QUARANTOTTO

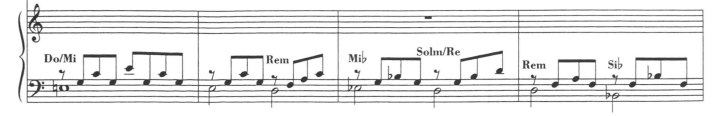

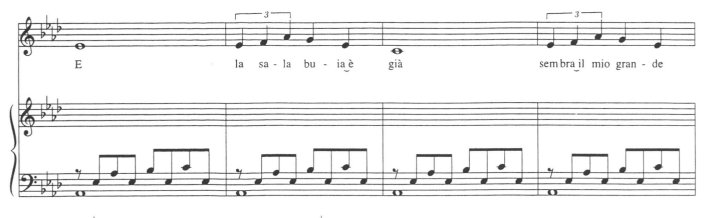

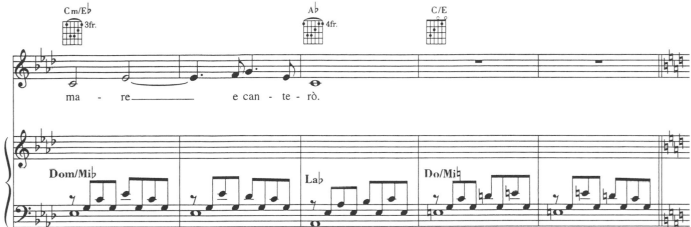

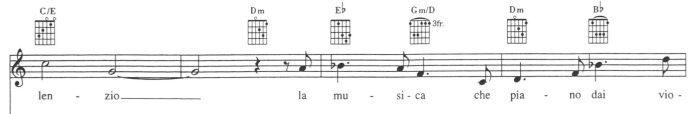

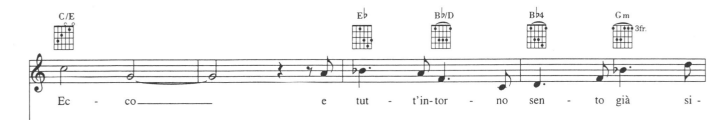

E la sa - la bu - ia è già sembra il mio gran - de

ma - re_____ e can - te - rò.

Ec - co_____ e tut - t'in - tor - no sen - to già si -

len - zio_____ la mu - si - ca che pia - no dai vio -

IN-CANTO

Music by GIUSEPPE VESSICCHIO
Words by BRUNO LANZA

L'ULTIMA CANZONE

Words and Music by FRANCESCO PAOLO TOSTI
and FRANCESCO CIMMINO
Arranged by LORIN MAAZEL

cor la se - re - na - - - - ta!

Là, nei de - ser - ti pia - ni, là, ne la val - le om -

bro - sa, oh quan - te vol - te a voi l'ho ri - can - ta - - -

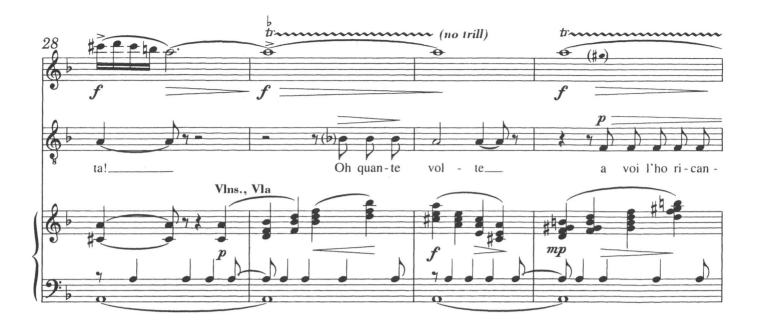

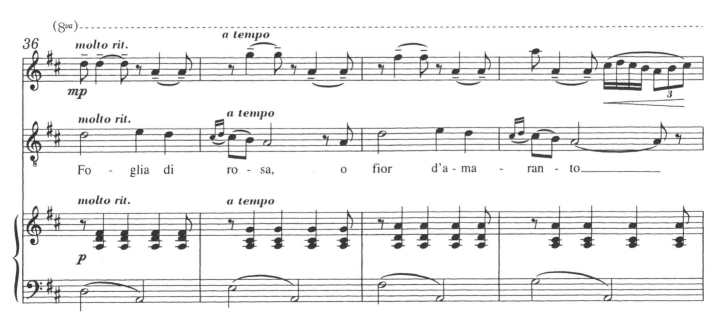

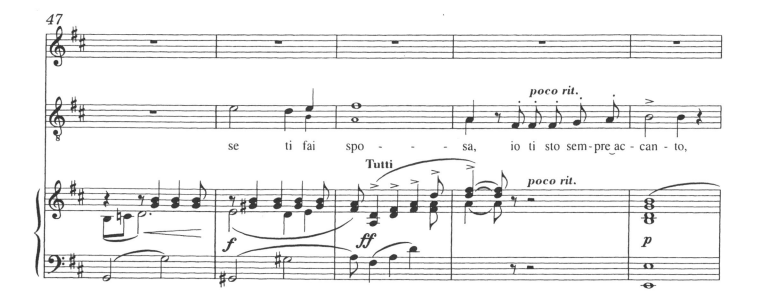

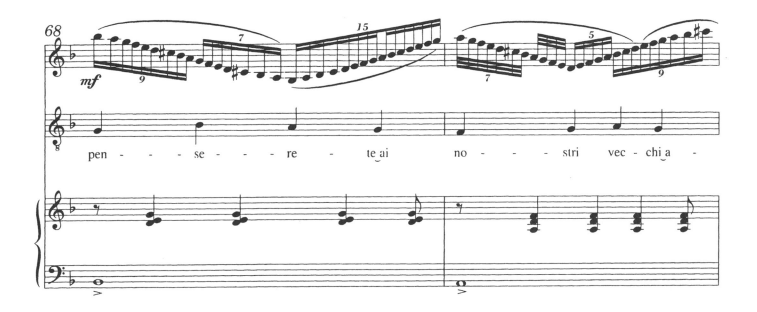

sem - pre, not - te e gior - no, pie - na di pas - si - o - ne ver -

rà, ge - men - do a voi la mia can - zo - - - - - -

ne, _____ ver - rà ge - men - do ____ la mia can -

Vlns., Vla

Fo - glia di men - ta, o fior di gra - na - ta,

Ni - na ram - men - ta i ba - ci che t'ho

L'ULTIMO RE

By A. NAPOLETANO and M. DI MARCO

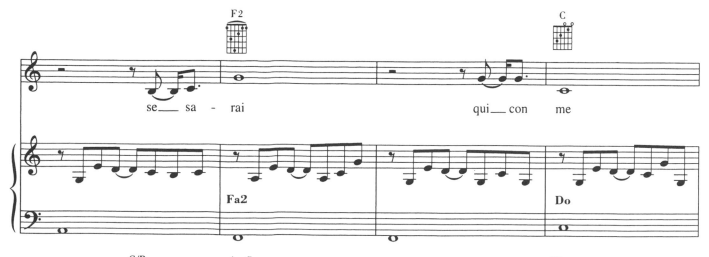

se_ sa - rai   qui_ con   me

qui_ con   me

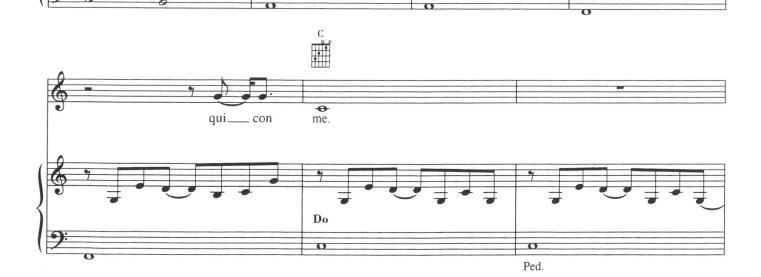

qui_ con   me.

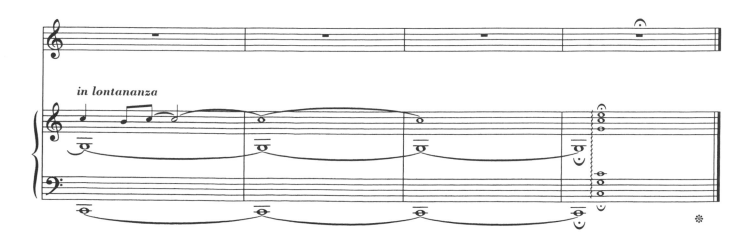

in lontananza

LA SERENATA

Words and Music by FRANCESCO PAOLO TOSTI
and GIOVANNI ALFREDO CESAREO
Arranged by LORIN MAAZEL

con la bel - la te - sta ab - ban - do - na - ta, po - sa fra le len -

zuo - - la: o se - re - na - ta, vo - la,

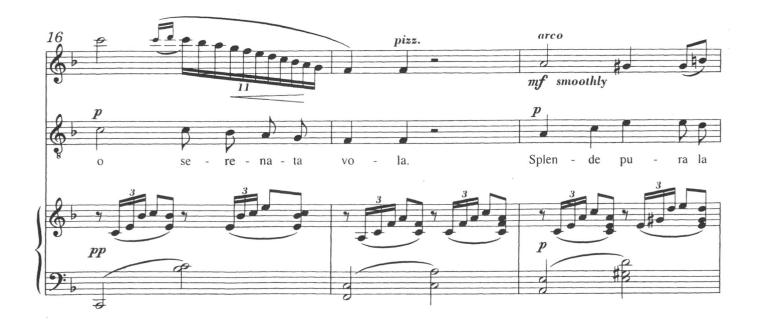

o se - re - na - ta vo - la. Splen - de pu - ra la

lu - na, l'a - le il si - len - zio sten - - de,

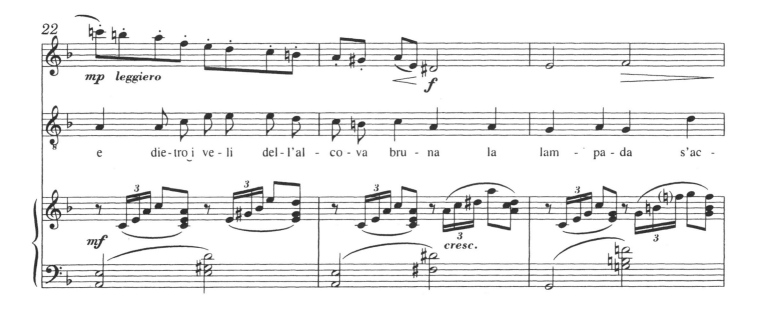

e die-tro i ve - li del-l'al-co-va bru - na la lam-pa-da s'ac-

cen - de; pu - - ra la lu - na splen - de,

là!

Ah, là!

Vo - la, o se - re -

na - ta, la mia di - let - ta è so - la, ma, sor - ri - den-do an-cor mez-zo asson-

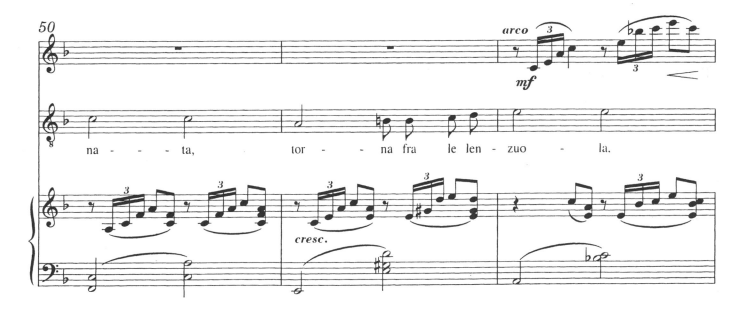

na - - - ta, tor - - na fra le len - zuo - la.

o se - re - na-ta, vo - la. O se - re - na - ta,

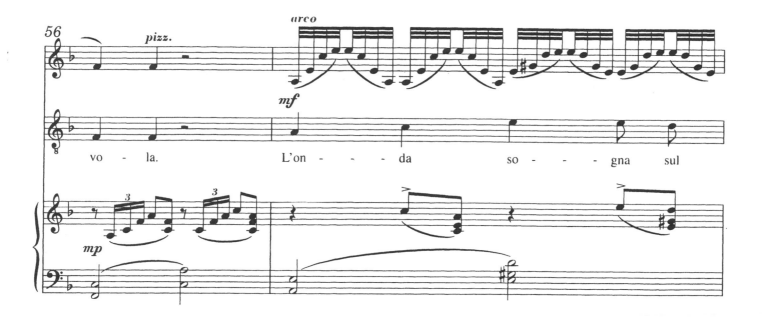

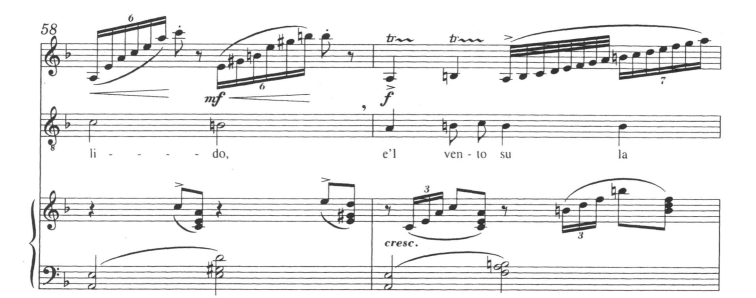

mia si - gno - ra bion - da. So - gna sul li - do

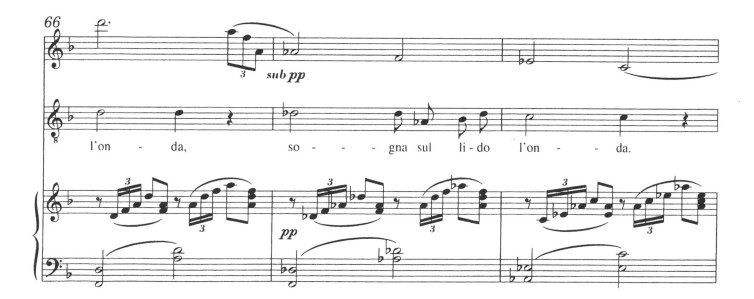

l'on - da, so - gna sul li - do l'on - da.

Vo - la, o se - re - na - ta, vo - la, o se - re -

LE TUE PAROLE

By GIUSEPPE AMORUSO and S. CIRILLO

Moderately

* Recorded a half step lower.

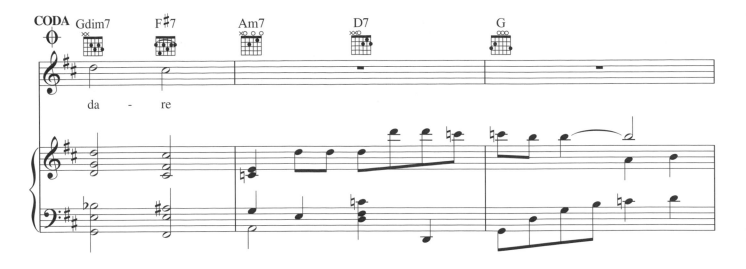

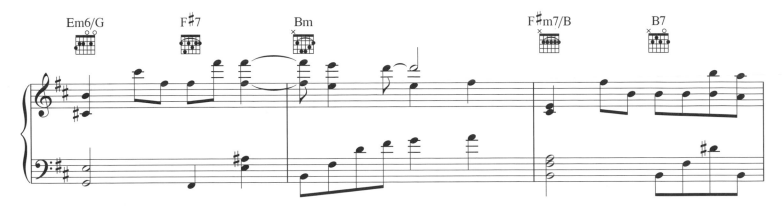

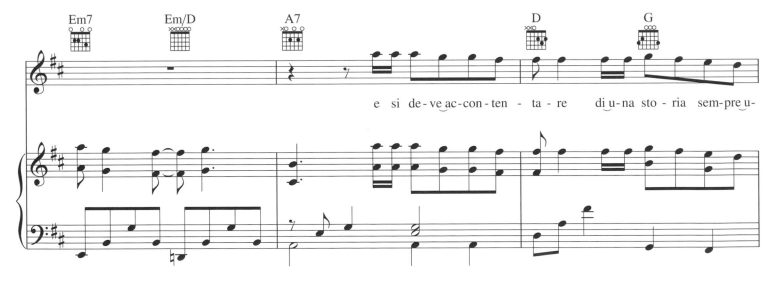

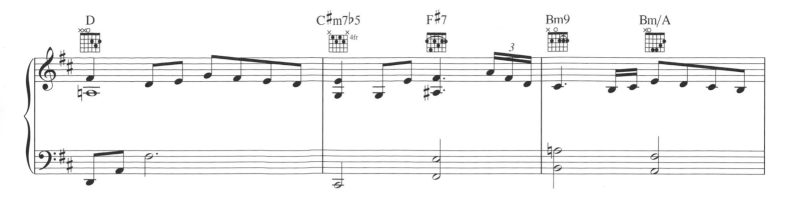

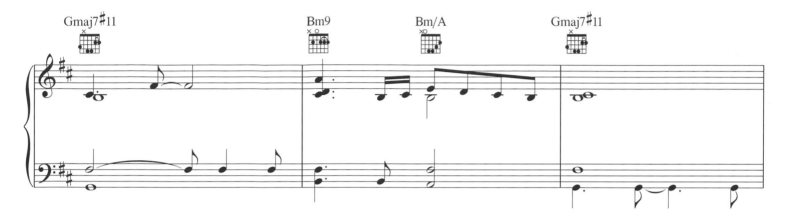

MAI PIÙ COSÌ LONTANO

By M. MALAVASI

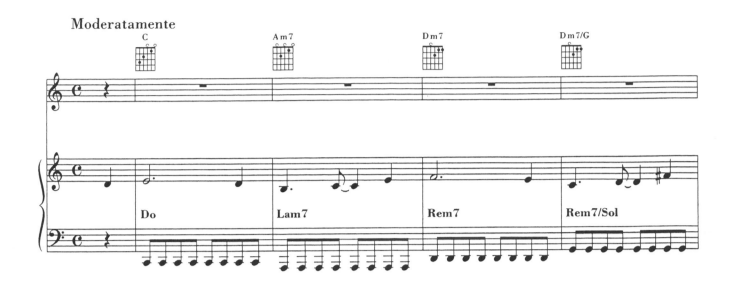

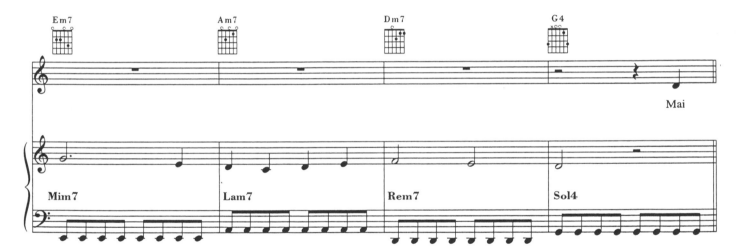

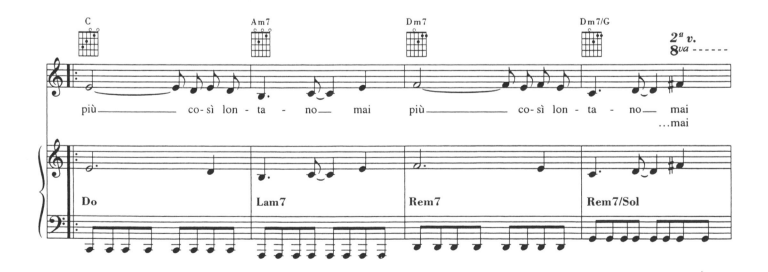

108

MALÌA

Words and Music by FRANCESCO PAOLO TOSTI
and ROCCO EMANUELE PAGLIARA
Arranged by LORIN MAAZEL

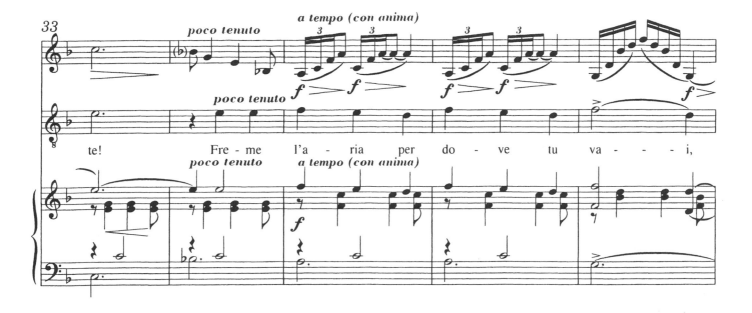

gior - no ti fu: non ti chie - do se nin - fa, o se

fa - ta, se u - na bion - da par - ven - za sei tu!

Ma che c'è ne'l tuo sguar - do fa - ta - le?

guar - di_u - n'eb - brez - za m'as - sa - le, se mi par - li, mi

sen - to____ mo - rir!

Pno, Celesta

col canto

MATTINATA

Words and Music by RUGGERO LEONCAVALLO
Arranged by LORIN MAAZEL

sol,_____ di già con le ro - see sue di - ta_____ ca -

rez - za de' fio - ri lo stuol!_____ Com -

mos - so da un fre - mi - to ar - ca - no,_____ in - tor - no il cre - a - to già

par,_____ e tu non ti de-sti, ed in-va - - -no mi

sto qui do-len-te a can-tar. Met-ti an-che

tu la ve-ste bian - ca e schiu-di l'u - scio al tuo can-tor! O-ve non

se - i la lu - ce man - ca, o ve tu se i na - sce l'a -

mor!

Clarinets

Trumpet Solo

sto qui do-len-te a can - tar.

O - ve non

se - i la lu - ce man - ca, o-ve tu se - i na-sce l'a-mor!

MELODRAMMA

By P. GUERRINI and P. LUCIANI

Moderato ♩ = 88

Mim Sim Re/Do Do Sim Sol Do Sim Sol Do/Mi Si/Re♯

Mim Sim Re/Do Do Sim Sol Do Sim Sol Do/Mi Si/Re♯

Que-sta mia can - zo - ne in - no del-l'a - mo - re
Que-sta me - lo - di - a in - no del-l'a - mo - re

Mim Sim Do2 Do Mim

te la can-to a des - so con il mio do - lor
te la can-to e sen - to tut-to il mio do - lor

Re4 Re Do2 Do Mim

NEL CUORE LEI

By B. ZAMBRINI, DEDO COGLIATI
and E. RAMAZZOTTI

'O MARE E TU

By ENZO GRAGNANIELLO

OCCHI DI FATA

By LUIGI DENZA and TREMACOLDO
Arranged by LORIN MAAZEL

gli oc - chi stra - nis - si - mi_e pro - fon - di._____ voi m'a - ve - te ru -

ba - - ta la pa - ce de la pri - ma gio - ven -

tù._____

Bel - la si - gno - ra dai ca - pel - li

bion - di,_____ per la mia gio - vi - nez - za_____ che v'ho

da - ta_____ mi da - re - te di

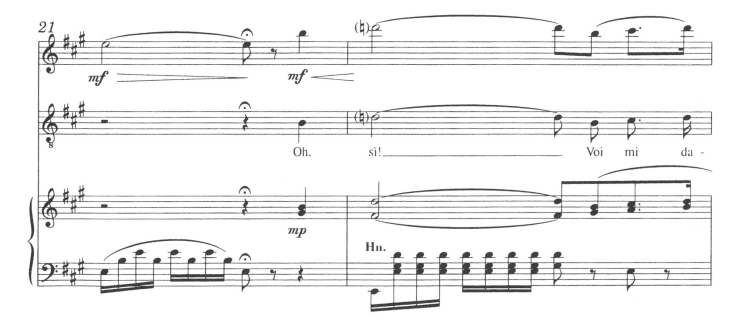

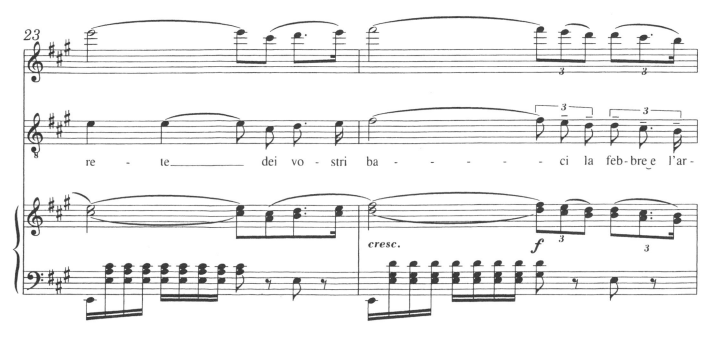

do - re,_____ voi pal - li - da ca - dre - te_____ tra le mie brac-cia a-

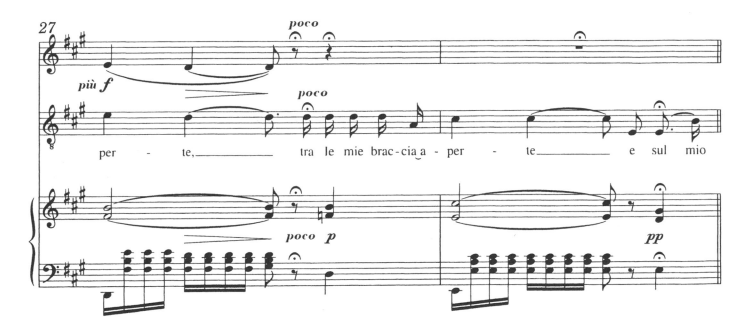

per - te,_____ tra le mie brac-cia a - per - te_____ e sul mio

cor._____   De la mia gio - ven -

Harp

tù_____ pren-de te il fio - re,_____ del mio gio-vi-ne san - gue_____ il fior pren-

de te._____ ma da - te-mi l'a - mor._____ ma

da - te-mi l'a - mor!_____

PER AMORE

By MARIELLA NAVA

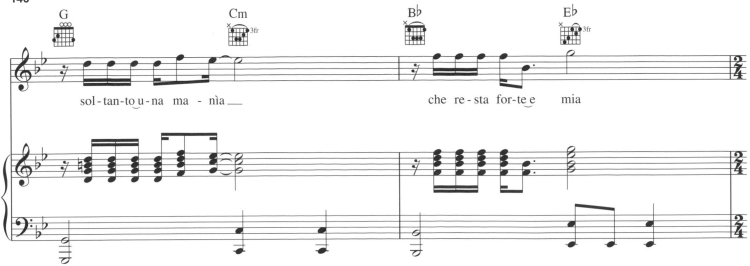

soltan-to u-na ma-nìa ___   che re-sta for-te e mia

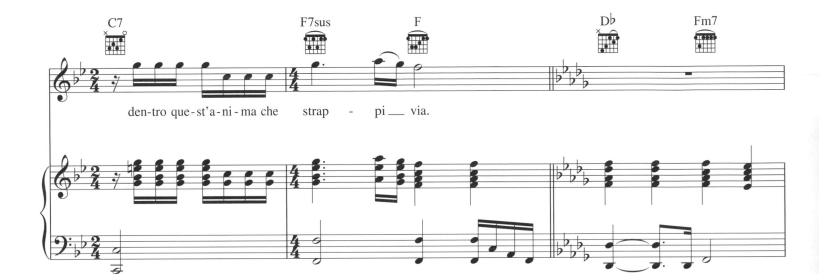

den-tro que-st'a-ni-ma che strap - pi ___ via.

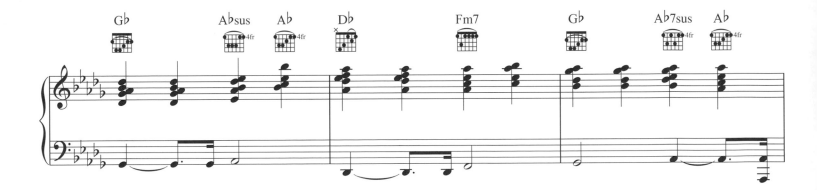

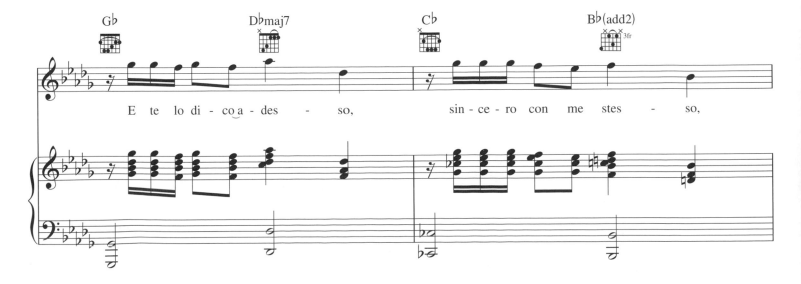

E te lo di-co a-des - so,   sin-ce-ro con me stes - so,

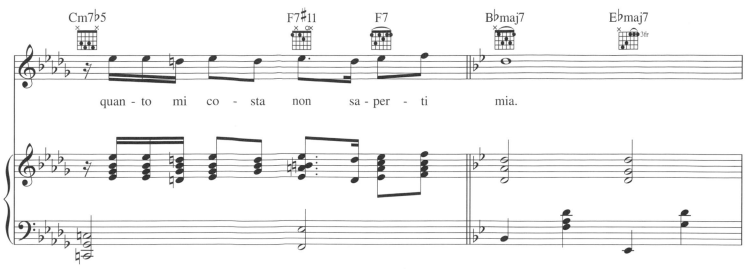

quan - to mi co - sta non sa - per - ti mia.

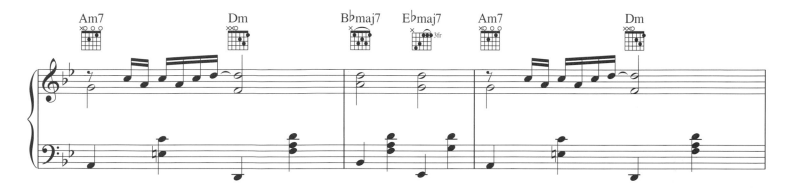

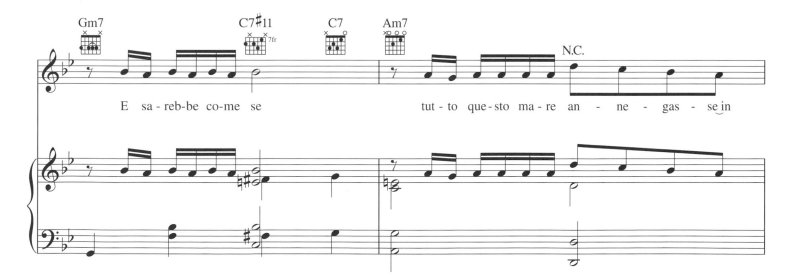

E sa - reb-be co-me se tut - to que-sto ma - re an - ne - gas - se in

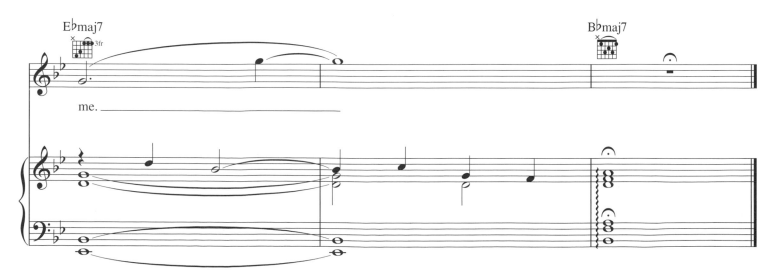

me.

THE PRAYER

Words and Music by CAROLE BAYER SAGER
and DAVID FOSTER
Italian Lyrics by ALBERTO TESTA
and TONY RENIS

way. _____ Lead us to a place, guide us with your grace

to a place where we'll be safe.

Lui: La lu - ce che tu

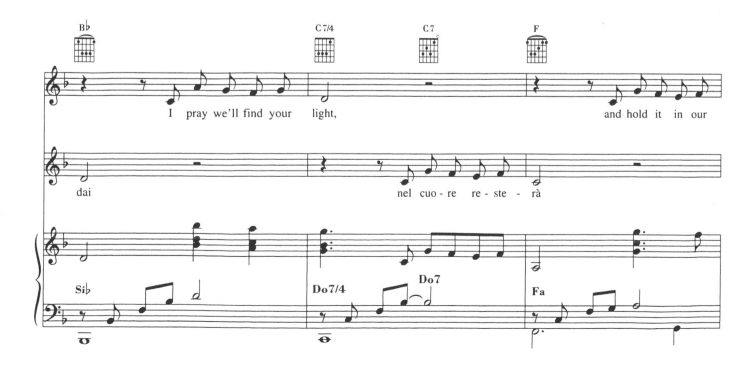

I pray we'll find your light, and hold it in our

dai

nel cuo - re re - ste - rà

RESTA QUI

By A. BOCELLI and M. MUSUMECI

RAPSODÌA

By MALISE

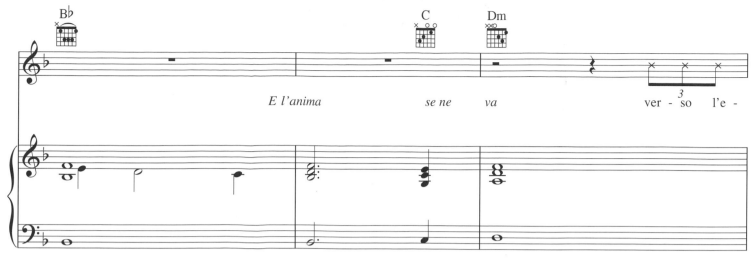

E l'anima se ne va ver - so l'e -

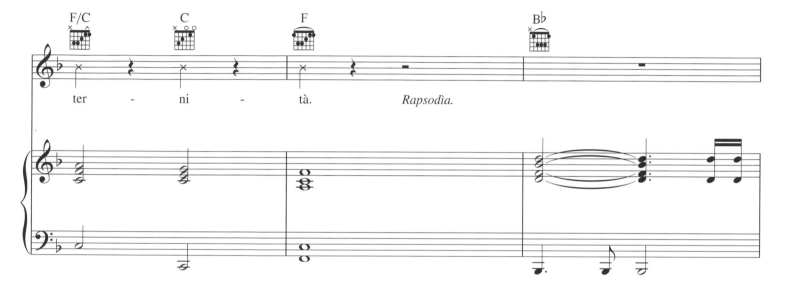

ter - ni - tà. *Rapsodia.*

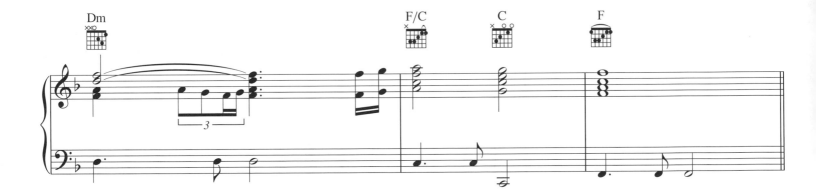

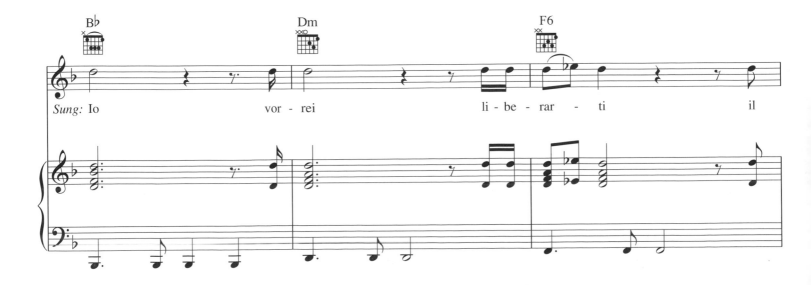

Sung: Io   vor-rei   li - be - rar - ti   il

cuo - re e vor - rei re - sta - re in - die - tro e far

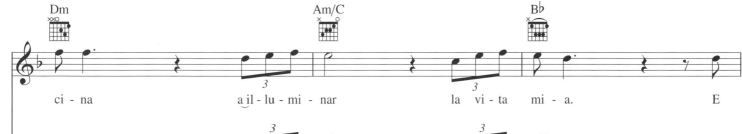

fin - ta di ca - de - re. Per - chè co - sì _____ sei più vi -

ci - na a il - lu - mi - nar la vi - ta mi - a. E

l'a - ni - ma se ne va ver - so l'e - ter - ni -

tà. L'a - ni - ma se ne va

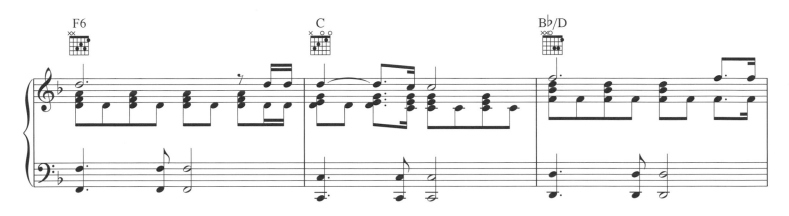

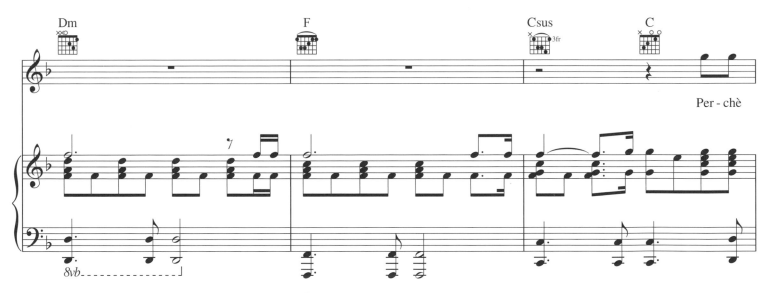

Per - chè

co - sì _____ sei più vi - ci - na a il - lu - mi - nar la vi - ta

ROMANZA

By M. MALAVASI

SOGNO

By G. VESSICHIO and G. SERVILLO

sa che vi - ta c'è_____ in quel - lo che sol - tan - to il

cuo - re sen - te non sa._____

Qui_____ ti a - spet - te - rò_____ e ru - be -

rò i ba - ci al tem - po. Tem - po che non ba - sta a can - cel - la - re coi ri - cor - di il de - si -

SE LA GENTE USASSE IL CUORE

By TONY RENIS, MASSIMO GUANTINI
and ALBERTA TESTA

181

SOGNO D'AMORE

Music by FRANZ LISZT
Words by ANDREA BOCELLI
Arranged by LORIN MAAZEL

pir - ti con il can - - to dol - cis - si - mo del mio

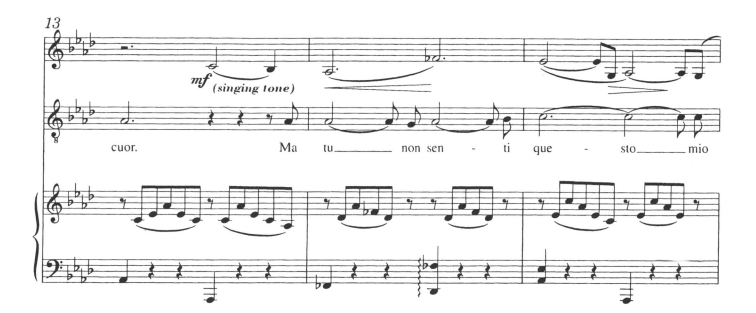

cuor. Ma tu___ non sen - ti que - sto___ mio

gri - do e for - se non ri - - cor - - di

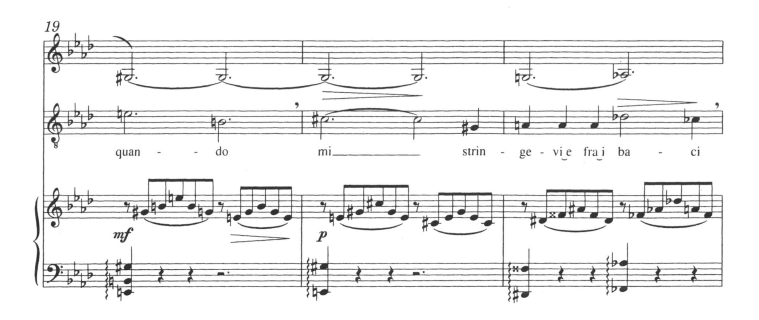

quan - do mi_____ strin - ge - vi e fra i ba - ci

mi sus - sur - ra - vi: "Io non po - trò_____ di - men - ti - car - lo

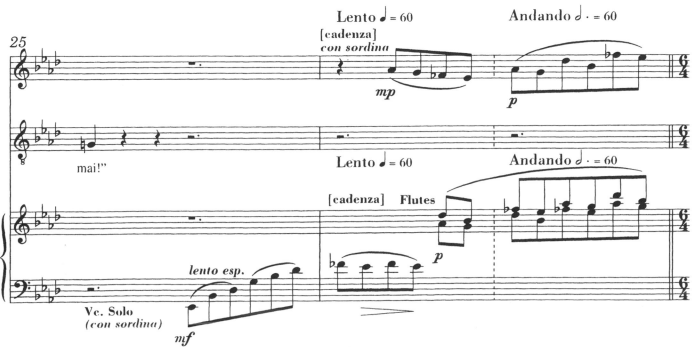

mai!"

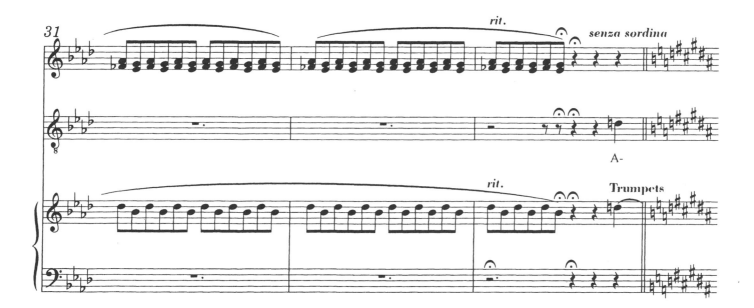

ma - - ro! Qui tut - to mi par - la an - co - ra di te. Io

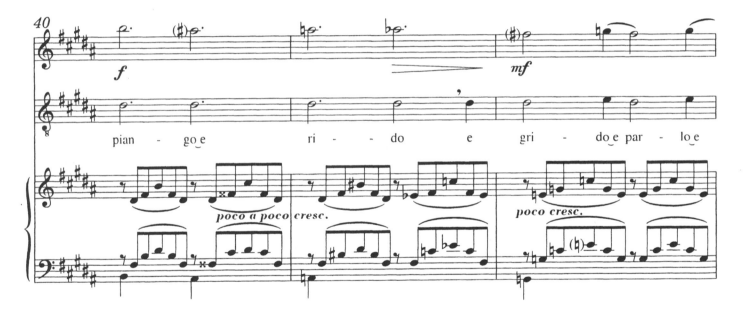

pian - go e ri - do e gri - do e par - lo e

tre - - - - mo e spe - ro, per non mo -

rir! Ma in - tan - to bru - cia l'a - ni - ma, vi -

(Strings)

bran - - te nel - - lo spa - si - - -

più f

ff

mo, vi - bran - te nel - lo spa - si - mo, e

tut - to s'ac - cen - - de un so - gno d'a - mor; ca -

rez - - ze, ba - - ci, e - sta - si,

(Violin obbligato Solo)

che non ri - vi - vrò.

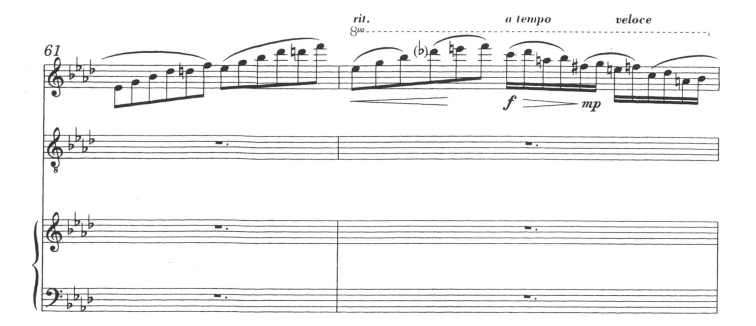

ra - - - i, mai più po-trò a-mor co - sì! O

vo - - ce ca - - ra, o cuor che a me si a -

prì,_____ per - - ché,_____

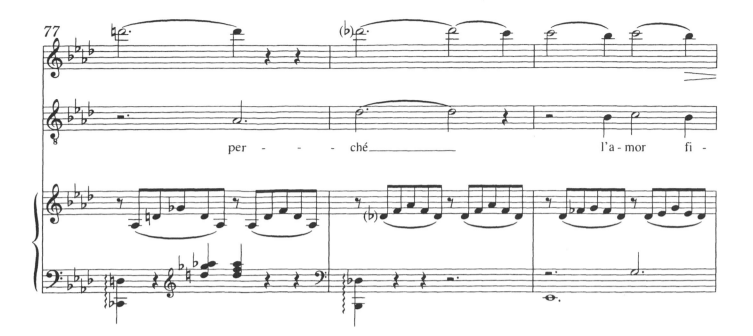

per - ché_____ l'a - mor fi -

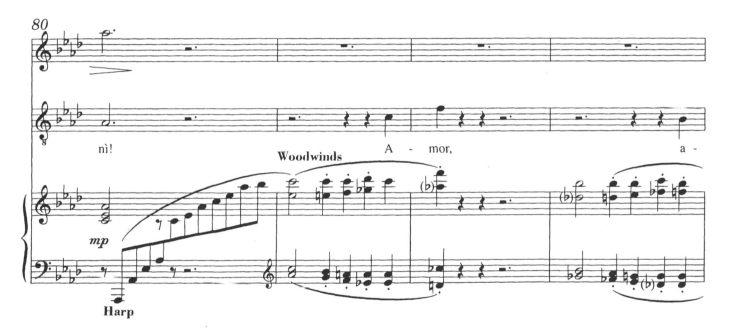

nì!

Woodwinds

A - mor, a -

mp

Harp

mor, a - mor!

Brass + Strings (Strings con sord.)
m. s.

pp

pp

TU CI SEI

Music by FRANCESCO SARTORI
Words by LUCIO QUARANTOTTO

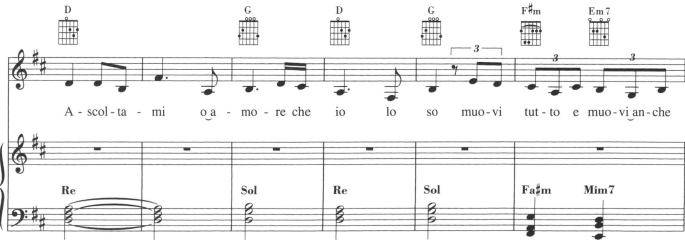

A-scol-ta-mi o a-mo-re che io lo so muo-vi tut-to e muo-vi an-che

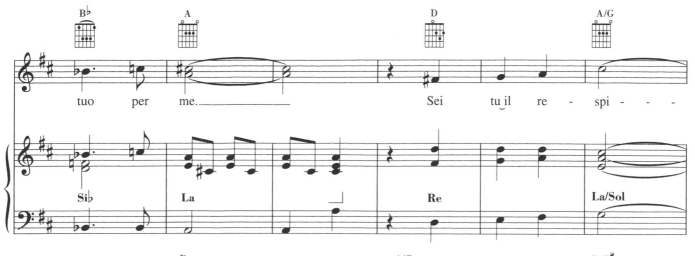

tuo per me._____ Sei tu il re - spi - -

Si♭   La   Re   La/Sol

- ro che ri - al - za gli uo - - - mi - ni

Re   La/Sol   Re/Fa♯

io lo so   lo so   lo so._____

La   Re

VAGHISSIMA SEMBIANZA

Words and Music by STEFANO DONAUDY
Arranged by LORIN MAAZEL

29

poco rit.   a tempo

p   mf

mf   poco rit.

van - ti co - me ai bei dì d'a - mor.
a - tion, *as* *in the days of old.*

poco rit.

p

sf

Ob.

p   cresc.

34   ten.

ten.

La
This

mp   dim.   p

38

p

ca - ra ri - mem - bran - - za che in cor mi
sweet *and gen - tle vi - - sion, with - in my*

Tpt. 1.2

pp

VIVERE

By A. ANASTASIO, C. VALLI
and G. TROVATO

VIVO PER LEI

By V. ZELLI, M. MENGALLI
and GIGI PANCERI